教科書 要点

ズバっ

ニューホライズン

基本文・基本表現

3年

東京書籍

もくじ

Stage 1

Stage 2

【動作環境】

・インターネットに接続されていること。
　＊インターネット接続に伴う通信費は利用者のご負担となります。
・Android 5.1以降 + Google Chrome ／ iOS9 以降 + Safari ／
　iPadOS + Safari
　＊「QRコード」は(株)デンソーウェーブの登録商標です。
　＊「Android」は，Google LLC. の商標です。
　＊「iOS」「iPadOS」は，Apple Inc. の商標です。

＊教科書に合わせた単元番号を入れていますが，
一部，取り扱いのない項目もあります。

Stage 3

★QRコードを使った音声学習について

【使い方】

・スマートフォンなどで右のＱＲコードを読み取ります。
・教科書と本書で取り上げている「Key Sentence」の音声を，各Unitの番号順に聞くことができます。
・英語の音声のみが流れます。文章は出ません。

はじめに

この本は，東京書籍版教科書『NEW HORIZON English Course 3』のUnitとLet's Talk, Let's Writeに出てくる基本文・基本表現(Key Sentence)などを，しっかり身につけるために作られているよ。要点を整理して，基本文・基本表現を「ズバっ！」と自分のものにしてしまおう。

〉本書の基本構成〈

解説①	基本文と基本表現の解説。図解を使った解説で文の構造を理解しよう。
CHART & CHECK	まとめて覚えるべきことは，表を使ってばっちり覚えてしまおう。
重要表現	教科書の該当パートの重要表現などをチェックしよう。
Key Sentenceチェック	基本文の暗唱用用例。何度も口に出して覚えてしまおう。
これが出る！ 定期テスト対策	テストなどの前には，この定期テスト対策に取り組んで，自分の理解度を確認しておこう。

★暗記フィルターの使い方

赤色で印刷された部分に，付属の暗記フィルターをのせると，文字が見えなくなるよ。大切な部分をかくして，効率よく学習しよう！

Unit 0 Three Interesting Facts about Languages 教科書p.4 ～ p.6

Read and Think

Key Sentence

① About 7,000 languages **are spoken** in the world.

① およそ7,000の言語が世界で話されています。

解説① 受け身の文：「…されます」「…されました」などの言い方

- 「…されます」という現在のことを表すときは，〈be動詞の現在形＋過去分詞〉，過去のことを表すときは，〈be動詞の過去形(was，were)＋過去分詞〉を使う。

〈現在の受け身の文〉 About 7,000 languages **are spoken** in the world.
〈be動詞の現在形＋過去分詞〉

〈過去の受け身の文〉 This computer **was brought** yesterday.
〈be動詞の過去形＋過去分詞〉

(このコンピュータは昨日持ってこられました。)

動詞の過去分詞には，**spoken**(←speak), **brought**(←bring)などのように，不規則に変化する動詞もある。

●否定文：「…されません」などの言い方

- 「…されません」や「…されませんでした」は，〈be動詞(am, are, is, was, were)＋not＋過去分詞〉の形を使う。

〈受け身の否定文〉 This song **is** **not** **loved** in his country.
↑ isのあとにnot

(この歌は彼の国では愛されていません。)

●受け身の疑問文：「…されますか」などという言い方と答え方

- 「…されますか」や「…されましたか」とたずねるときは，〈be動詞＋主語＋過去分詞...?〉の形を使う。

答えるときは，Yes / Noと is，am，are や was，were を使う。

〈疑問文〉 **Were** these cars **made** in Japan?
↑ 主語の前にbe動詞を置く

〈答え方〉 Yes, **they were** . / No, **they** **were not** .
(=weren't)

(これらの車は日本で作られたのですか。
―はい，作られました。/いいえ，作られていません。)

重要表現 ……………………………………教科書p.12～p.13

◆**It is said that ...** …であるといわれている。

主語のItは，that以降のことを表す形式的な主語。〈that+主語+動詞 ...〉は「―が…だということ」という意味。

例 **It is said that** he is the most famous singer in the world.
(彼は世界で最も有名な歌手だといわれています。)

◆**a ... variety of ～** さまざまな～，いろいろな～

variety of ~は「さまざまな～」や「～の種類」という意味。varietyの前に形容詞を置く場合もある。

例 He found **a** new **variety of** flowers. (彼は新しいさまざまな花を見つけました。)

Key Sentenceチェック

★Key Sentenceの用例をたくさん覚えよう。

□1. Kyoto **is visited** by many foreign people.
京都は多くの外国人によって訪問されています。

□2. This cake **was made** by my mother.
このケーキは私の母によってつくられました。

□3. English **is not spoken** in the country.
英語はその国では話されません。

□4. **Is** this room **cleaned** every day?
この部屋は毎日そうじされていますか。

□5. Yes, it **is**. / No, it **is not**.
はい，そうじされています。/いいえ，そうじされていません。

Unit 1 Sports for Everyone

教科書p.7 ～ p.16

Scene 1 現在完了形（経験用法）

Key Sentence 1

① I **have seen** wheelchair tennis once.
② Josh **has seen** wheelchair tennis many times.
③ Asami **has never seen** wheelchair tennis.

① 私は車いすテニスを一度見たことがあります。
② ジョシュは車いすテニスを何度も見たことがあります。
③ アサミは車いすテニスを一度も見たことがありません。

解説① 現在完了形：「…したことがあります」などの言い方

• 「（過去に）…したことがあります」のように過去の経験を表すときは，〈**have＋過去分詞**〉の形を使う。これを現在完了形という。

〈過去〉 I saw wheelchair tennis last year.
↓ （私は去年，車いすテニスを見ました。）
〈現在完了形〉 I **have seen** wheelchair tennis once.
〈have＋過去分詞〉 once：「一度」

解説② 現在完了形：主語が三人称単数現在のときの言い方

• 現在完了形の文で，主語が第三者で単数のときは〈**has＋過去分詞**〉の形を使う。

〈過去〉 Josh **saw** wheelchair tennis last year.
↓
〈現在完了形〉 Josh **has seen** wheelchair tennis many times.
〈has＋過去分詞〉 many times：「何度も」

解説③ 現在完了形の否定文：「…したことがありません」などの言い方

- 「…したことがありません」という意味を表す現在完了形の否定文は，〈**have not＋過去分詞**〉〈**has not＋過去分詞**〉の形で表す。

  I **have not** **heard** of it.（私はそれを聞いたことがありません。）

  ＝haven't

  notのかわりにnever（一度も…ない，いまだかつて…ない）を用いて〈**have never＋過去分詞**〉〈**has never＋過去分詞**〉の形で表すことも多い。

  Asami **has** **never** **seen** wheelchair tennis.

  「一度も…ない」

  I'**ve never seen** it before.

  「以前に，前に」

  （私は前にそれを一度も見たことがありません。）

重要表現 ……………………………………………… 教科書p.9

◆**apply**　当てはまる

アンケートなどでよく使う表現。

Which **applies** to you?（どれがあなたに当てはまりますか。）

◆**Paralympic**　パラリンピック競技の

the Paralympic Games「パラリンピック（身体・知的障がい者の国際スポーツ大会）」。

◆**somewhere**　どこかに［へ，で］

ふつう肯定文で使う。疑問文・否定文ではanywhereを使い，否定文では「どこにも（…ない）」という意味を表す。

I **didn't** go **anywhere** because it was raining hard.

（雨が激しく降っていたので，どこにも行きませんでした。）

◆**below**　下に，下記に［の］

アンケートなどで質問をするときに使う。

Choose from the list **below**.（下記のリストから選びなさい。）

Key Sentenceチェック

★Key Sentenceの用例をたくさん覚えよう。

□1. I **have heard** the name.
私はその名前を聞いたことがあります。

□2. He **has visited** London **before**.
彼は以前にロンドンを訪ねたことがあります。

□3. We **have seen** that woman.
私たちはあの女性に会ったことがあります。

□4. Kaito **has watched** the movie **once**.
カイトはその映画を一度見たことがあります。

□5. Meg **has read** this book **twice**.
メグはこの本を二度読んだことがあります。

□6. My brother **has listened** to this CD **many times**.
私の兄[弟]はこのCDを何度も聞いたことがあります。

□7. They **have often used** the car.
彼らはよくこの車を使ったことがあります。

□8. **I've not written** an e-mail in English **before**.
私は以前に英語でEメールを書いたことがありません。

□9. He **has not played** the piano.
彼はピアノをひいたことがありません。

□10. My sister **hasn't talked** in English.
私の妹[姉]は英語で話したことがありません。

□11. They **have never used** the internet.
彼らはインターネットを使ったことが一度もありません。

□12. Asami **has never written** a letter in English **before**.
アサミは以前に英語で手紙を書いたことが一度もありません。

Scene 2 現在完了形の疑問文

Key Sentence 2

④ **Have** you ever **seen** the Paralympic Games?
—— Yes, I **have**.
[No, I **have not**. I **have** never **seen** them.]

④ あなたはこれまでにパラリンピックを見たことがありますか。
—— はい，あります。
[いいえ，ありません。私は一度も見たことがありません。]

解説④ 経験を表す現在完了形の疑問文と答え方：「…したことがありますか」などの言い方

- 「…したことがありますか」とたずねるときは，haveを主語の前に出す。経験をたずねる現在完了形の疑問文ではeverをよく使う。

●Have ...?やHas ...?に対しては，have, hasを使って答える。

〈ふつうの文〉　I **have** **seen** the Paralympic Games once.
(私は一度パラリンピックを見たことがあります。)

〈疑問文〉　**Have** you **ever** **seen** the Paralympic Games?
「これまでに」

〈答え方〉　Yes, I **have** . / No, I **have not** .
＝haven't

プラスワン 回数をたずねる現在完了形の疑問文と答え方：「何回…したことがありますか」などの言い方

「何回…したことがありますか」とたずねるときは，**How many times**を文頭に置き，have[has]で始まる疑問文を続ける。everはふつう使わない。答えには，**once**(一度)，**twice**(二度)，**... times**(…度)などの回数表現を使う。一度もない場合は〈**have never＋過去分詞**〉(一度もありません)を用いて答える。

〈疑問文〉 **How many times** have you **seen** the Paralympic Games?

〈答え方〉 —— **Once.** / I **have never seen** them.

(あなたは何回パラリンピックを見たことがありますか。
—— 一度見ました。/ 私は一度も見たことがありません。)

CHART & CHECK

現在完了形(経験)でよく使われる語	意味
before	以前に，前に
ever	〔疑問文〕 これまでに，いつか
never	一度も…ない， いまだかつて…ない

重要表現 …………………………………………… 教科書p.10

◆**have been to ...**　…に行ったことがある

have gone to ... は「…へ行ってしまった(今はここにいない)」という意味。「行ったことがある」の意味では使わないことが多い。

He **has been to** London before.

(彼は以前にロンドンへ行ったことがあります。)

◆**on TV [the internet]**　テレビ[インターネット]で

◆**check ... out**　…を調査する

You should **check** her **out** on the internet.

(あなたはインターネットで彼女を調査するべきです。)

Key Sentenceチェック

★Key Sentenceの用例をたくさん覚えよう。

□1. **Have** you **ever read** this book?

—— Yes, I **have.** / No, I **have not.**

あなたはこれまでにこの本を読んだことがありますか。

—— はい，あります。/ いいえ，ありません。

□2. **Has** Jane **ever cooked** Japanese food?

—— Yes, she **has.** / No, she **has not.**

ジェーンはこれまでに日本食を料理したことがありますか。

—— はい，あります。/ いいえ，ありません。

□3. **How many times have** you **been** to Tokyo?

—— **Twice.** / I have **never been** there.

あなたは何度東京へ行ったことがありますか。

—— 二度あります。/ 一度もありません。

□4. **How many times has** Mary **tried** Japanese food?

—— **Three times.** / She **has never** tried it.

メアリーは日本食を何度試したことがありますか。

—— 三度あります。/ 一度もありません。

□5. **How many times have** you and your brother **watched** this movie?

—— **Many times.** / We **have never watched** it.

あなたとあなたの弟さん[お兄さん]はこの映画を何度見たことがありますか。

—— 何度もあります。/ 一度もありません。

Read and Think 1 make＋(代)名詞＋形容詞

Key Sentence 3

⑤ Playing sports **makes** me happy.

⑤ スポーツをすることは私を幸せにします。

解説⑤ 「…を～(の状態)にします」という言い方

- 「…を幸せにする」や「…を悲しくする」のように「…を～(の状態)にする」と言うときは，**make**を使う。主語のあとに〈**make＋**(代)名詞(…を)＋形容詞(～に)〉を続ける。

〈現在〉 Playing sports **makes** me **happy**.

目的語「…を」 形容詞「～に」

〈過去〉 Playing sports **made** me happy.

(スポーツをすることは私を幸せにしました。)

- この形の文を日本語で表すときは，自然な言い方を心がける。

The news **made** Ken sad.

＊「…を」の部分を「…は」とするほうが自然な言い方になる。

(その知らせはケンを悲しくしました。

→その知らせでケンは悲しくなりました。)

Working hard **made** me tired.

(熱心に働くことは私を疲れさせました。

→熱心に働いて私は疲れました。)

What **makes** you so happy?

＊ What(何)という意味の疑問詞が主語の疑問文だが，日本語では「なぜ」と表すほうが自然な言い方になる。

(何があなたをそんなにうれしくするのですか。

→あなたはなぜそんなにうれしいのですか。)

●「…を～にしますか」「…を～にしません」という言い方

makeは一般動詞なので，疑問文・否定文にはdo, doesやdidを使う。

〈疑問文〉 **Did** this book make him famous?
一般動詞
（この本は彼を有名にしましたか。）

〈否定文〉 The player **doesn't** make games interesting.
一般動詞
（その選手は試合をおもしろくしません。）

プラスワン

Ken **was given** a special birthday party.
ケンは特別な誕生日パーティーをしてもらいました。

〈**give**など＋（人）＋（もの）〉の受け身は「（人）」を主語にして作ることができる。

People gave Ken a special birthday party.

Ken **was given** a special birthday party.

重要表現 ・・・・・・・・・・・・・・・・・・・・・・・・・・・・・・・・・・ 教科書p.12

◆**be amazed at ...** …に驚かされる

驚いたことを表す表現。

I **was amazed at** her speed.
（私は彼女のスピードに驚かされました。）

◆**keep ... positive** …を前向きにしておく

Smlies **keep** me **positive**.
（ほほえみは私を前向きにしておいてくれます。）

Key Sentenceチェック

★Key Sentenceの用例をたくさん覚えよう。

□1. The picture **makes me happy**.
その写真は私を幸せにします。

□2. These stories always **make Alex sad**.
これらの話はいつもアレックスを悲しくします。

□3. Playing the piano **makes her happy**.
ピアノをひくと彼女は幸せになります。

□4. The news **made them sad**.
そのニュースで彼らは悲しくなりました。

□5. The festival **made the town famous**.
その祭りで町は有名になりました。

□6. This tool will **make her work easier**.
この道具で彼女の仕事はより簡単になるでしょう。

□7. What **makes your mother so busy**?
なぜあなたのお母さんはそんなに忙しいのですか。

□8. What **made you so tired**?
なぜあなたはそんなに疲れたのですか。

□9. Does the music **make you happy**?
―― Yes, it does. / No, it doesn't.
その音楽であなたは幸せになりますか。
―― はい，幸せになります。/ いいえ，幸せになりません。

□10. We don't **make the building taller**.
私たちはそのビルをより高くはしません。

□11. The news didn't **make his feeling bad**.
その知らせは彼の気分を悪くしませんでした。

Read and Think 2 SVOO(that節)

Key Sentence 4

⑥ Athletes show us **that** anything is possible.

⑥ アスリートたちはどんなことも可能だと私たちに示してくれます。

解説⑥ 「(〜ということ)を(人)に…する」という言い方

- 「(〜ということ)を(人)に…する」と言うときは，主語のあとに〈動詞＋人＋that 〜〉を続ける。前の動詞は，**show**, **tell**, **teach**などを使い，thatのあとには〈主語＋動詞…〉が続く。

Athletes **show** us **that** anything is possible.
人　〈主語＋動詞 ...〉

- 動詞は**show**(示す)の他に，**tell**(伝える)や**teach**(教える)などがよく使われる。

He often **tells** me **that** money is important.
(彼はお金が大切だということをよく私に伝えます。)

Our teacher always **teaches** us **that** we should help each other.
(私たちの先生は，私たちはお互いに助け合うべきだといつも私たちに教えます。)

＊この表現では，主語が人以外(ニュースや本など)の場合があり，「ニュース[本]が〜ということを人に示す」という意味になる。

The weather report tells us **that** it will rain tomorrow.
(天気予報は明日は雨が降るだろうと私たちに伝えます。)

The map shows you **that** you can't go to the park.
(地図は公園へ行けないことをあなたに示しています。)

プラスワン

He **told** me **that** he **liked** dogs.
○彼はイヌが好きだと私に言いました。
×彼はイヌが好きだったと私に言いました。

動詞が過去形の場合，that以下の〈主語＋動詞〉の動詞も過去形で表す。これは，動詞がtoldなど過去形であることから，that以下の内容も過去のことであることを示すためで，「時制の一致」と言う。

重要表現 ……………………………………… 教科書p.14

◆**be satisfied with ...**　…に満足する

I **am satisfied with** my job.
（私は自分の仕事に満足しています。）

◆**decide to ...**　…しようと決心する

She **decided to** study math every day.
（彼女は毎日数学を勉強しようと決心しました。）

◆**more and more**　ますます（多くの）

More and more people came.
（ますます多くの人々が来ました。）

◆**around the world**　世界中で［に，の］

He is famous **around the world**.
（彼は世界中で有名です。）

Key Sentenceチェック

★Key Sentenceの用例をたくさん覚えよう。

□1. He tells me **that** he likes dogs.
彼はイヌが好きだということを私に伝えます。

□2. Our teacher teaches us **that** we should study hard.
私たちの先生は私たちは熱心に勉強すべきだと私たちに教えます。

□3. This map shows us **that** we can't go to the station.
この地図は私たちは駅へ行けないことを私たちに示します。

□4. The news tells them **that** they can travel abroad.
そのニュースは彼らに海外旅行ができることを伝えています。

□5. The doctor teaches us **that** we should stop smoking.
その医者は私たちはタバコをやめるべきだということを私たちに教えます。

□6. The weather report tells us **that** it will be sunny tomorrow.
天気予報は明日はよい天気だろうと私たちに伝えます。

□7. Her face showed **that** she was angry.
彼女の顔つきから彼女が怒っているのがわかりました。

これが出る! 定期テスト対策

1 日本文に合うように，(　　)内から適する語句を選ぼう。

(1) 私は一度アメリカを訪れたことがあります。
I (visited, have visited) America once.

(2) あなたは今までにその映画を見たことがありますか。
(Have you, Did you) ever seen the movie?

(3) あなたは今までにオーストラリアへ行ったことがありますか。
Have you ever (gone, been) to Australia?

(4) あなたは何度この本を読んだことがありますか。
How (many times, much time) have you read this book?

(5) この本を読むと私は幸せになります。
Reading this book (makes, becomes) me happy.

(6) その映画は私たちに，命は大切だということを教えます。
The movie teaches us (that, this) life is important.

2 次の英文を〔　　〕内の指示に従って書きかえよう。

(1) I saw pandas.〔beforeを付け加えて現在完了形に〕
→I (**have**) (**seen**) pandas before.

(2) Ken has cooked dinner before.〔「一度も…ない」という文に〕
→Ken (**has**) (**never**) (**cooked**) dinner before.

(3) He has watched the movie twice.〔下線部を問う疑問文に〕
→(**How**) (**many**) (**times**) has he watched the movie?

(4) I was happy when I heard the news.〔ほぼ同じ意味の文に〕
→The news (**made**) (**me**) happy.

→次ページに続きます。

3 日本文に合うように，(　　)内の語を並べかえよう。

(1) 私は東京を二度訪れたことがあります。

(Tokyo / I / visited / have) twice.

I have visited Tokyo twice.

(2) あなたは今までにロンドンへ行ったことがありますか。

Have (been / London / ever / to / you) ?

Have **you ever been to London** ?

(3) この映画は私を悲しくさせます。

(this / me / movie / makes / sad) .

This movie makes me sad .

(4) 彼はこの本はおもしろいと私に言います。

(he / me / book / interesting / that / tells / this / is) .

He tells me that this book is interesting .

4 日本語の意味を表す英文を書こう。

(1) 私はこの本を何度も読んだことがあります。

I have read this book many times.

(2) あなたは今までにアメリカに行ったことがありますか。

Have you ever been to America?

(3) 私はこの映画を見るとわくわくします。

This movie makes me excited.

Let's Write 1 有名人への手紙 —ファンレター—

教科書p.17

Today's Point 1

1. Please write me back if you have time.
2. It will make me super happy!

1. もしお時間があればお返事を書いてください。
2. そうしてもらえたらすごくうれしいです！

解説1 「もし…なら」という言い方

•「もし…なら」というときは if ...で表す。ifは接続詞で，後ろに〈主語＋動詞 ...〉が続く。

Please write me back **if** you have time.

解説2 「～を…にする」という言い方

•「～を…にする」というときは〈 make ～ ... 〉で表す。この...には名詞または形容詞がきて，～と同一の関係にある。

It will **make me super happy**.

⇒ me＝super happy（I'm super happy）の関係になっている。

Your songs always **make me happy**.

⇒me＝happy（I'm happy）の関係になっている。

（あなたの歌を聞くといつもうれしくなります。）

重要表現 …… 教科書p.17

◆**I was impressed with your performance.**

あなたの演奏[演技，プレー]に感動しました。

be impressed with ...（…に感動する）

◆**I have never heard such a beautiful song before.**
こんなに美しい歌は今までに聞いたことがありません。
have never＋過去分詞＋before（今までに一度も…したことがない）
such a＋形容詞＋名詞（こんなに…な～）

◆**When did you start singing?**　いつ歌うことを始めましたか。
start ...ing で「…することを始める」という意味。〈start to＋動詞の原形〉もほぼ同じ意味。

◆**How did you feel when you won the award?**
賞をとったとき，どう感じましたか。
whenは「…するときに」という意味の接続詞で，後ろに〈主語＋動詞 ...〉が続く。

◆**What is your motto?**　あなたのモットーは何ですか。

◆**on TV**　テレビで
この場合のonは「…で，…によって」という意味の「手段」を表す前置詞。
I watched the game **on TV**.（私はテレビでその試合を見ました。）

◆**get over ...**　…を乗りこえる
I **got over** the difficult problem.
（私はその難しい問題を乗りこえました。）

◆**write ... back**　…に手紙の返事を書く
I will **write** you **back** soon.（すぐに返事を書くつもりです。）

◆**hope to ...**　…したいと思う
toの後ろには動詞の原形がくる。
I **hope to** see him tomorrow.
（明日，彼に会いたいと思っています。）

◆**All the best,**　万事うまくいきますように
手紙などの結びの言葉。

これが出る! 定期テスト対策

教科書p.17

1 日本文に合うように，(　　)内から適する語句を選ぼう。

(1) この映画を見ると悲しくなります。

This movie (gives, makes, does) me sad.

(2) あなたのコンサートに感動しました。

I was (impressing to, impressed with) your concert.

(3) こんなに大きなイヌは以前に見たことがありません。

I have never seen (a such big dog, such a big dog) before.

(4) あなたはいつ歌を書き始めたのですか。

When did you start (writing, write, wrote) songs?

(5) 彼は父の死を乗りこえました。

He (had, get, got) over his father's death.

(6) 万事うまくいきますように

All (the good, the nice, the best) ,

2 次の英文を〔　　〕内の指示に従って書きかえよう。

(1) I am impressed with that book.〔過去形の文に〕

→ I (**was**) (**impressed**) with that book.

(2) Your letter made me happy.〔ほぼ同じ意味の文に〕

→I was happy when I (**read**) (**your**) (**letter**).

(3) I started writing books when I was fifteen.

〔下線部が答えの中心となる疑問文に〕

→(**When**) did (**you**) start (**writing**) books?

→次ページに続きます。

(4) I felt tired when I climbed the mountain.

〔下線部が答えの中心となる疑問文に〕

→(**How**) did (**you**) (**feel**) when you climbed the mountain?

3 日本文に合うように，(　　)内の語を並べかえよう。

(1) 私はあなたの手紙に感動しました。

I (letter / was / with / impressed / your) .

I **was impressed with your letter** .

(2) この本はいつも私に希望を与えてくれます。

This book (makes / hopeful / always / me) .

This book **always makes me hopeful** .

(3) こんなにおもしろい映画は見たことがありません。

I have (movie / never / seen / an / such / interesting) .

I have **never seen such an interesting movie** .

4 日本語の意味を表す英文を書こう。

(1) あなたはいつサッカーを練習することを始めましたか。

When did you start[begin] practicing[to practice] soccer?

(2) あなたはどうやって難しい挑戦を乗りこえましたか。

How did you get over the difficult challenge?

(3) すぐに私に返事を書いてください。

Please write me back soon. [Write me back soon, please.]

Unit 2 Haiku in English

教科書p.19 ～ p.28

Scene 1 現在完了形(完了用法)

Key Sentence 5

⑦ I **have** just **finished** my homework.
⑧ **Have** you **finished** your homework yet?
—— Yes, I **have**. I **have** already **finished** it.

⑦ 私はちょうど宿題を終えたところです。
⑧ あなたはもう宿題を終えましたか。
—— はい。私はすでにそれを終えました。

解説⑦ 完了を表す現在完了形：「(今)…し(終え)たところです」などの言い方

- 「(今)…し(終え)たところです」「(もう)…しました」と動作が終わったことを表すときも〈**have**＋過去分詞〉〈**has**＋過去分詞〉を使う。

I **have** **just** **finished** my homework.
「たった今」

I **have** **already** **finished** my homework.
「すでに，もう」
(私はすでに宿題を終えました。)

＊現在完了形(完了)の肯定文では，よくjustやalreadyを使う。

●現在完了形の否定文：「(まだ)…していません」などの言い方

「(まだ)…していません」と打ち消すときは，have, hasのあとにnotを置く。この現在完了形の否定を表す文の場合は**yet**(まだ)を使うことが多い。

I **haven't seen** the movie yet.
「まだ」
(私はその映画をまだ見ていません。)

解説⑧ 現在完了形の疑問文：「(今)…し(終え)たところですか」という言い方

- 「(今)…し(終え)たところですか」とたずねるときも，**haveを主語の前に出す**。完了をたずねる現在完了形の疑問文では，よく文の終わりに**yet**(もう)を置く。

〈疑問文〉 **Have** you **finished** your homework **yet**?

「もう」

答えるときは，ほかの現在完了形の文と同様にhave, hasを使って答える。

Yes, I have. I have **already** finished it.

「すでに」

(はい。私はすでにそれを終えました。)

この完了の意味の否定で答えるときは，次のように簡単に表すことが多い。

No, not **yet**. (いいえ，まだです。)

「まだ」

CHART & CHECK

現在完了形(完了)でよく使われる語	働き
already	〔肯定文〕すでに，もう
just	〔肯定文〕たった今
yet	〔疑問文〕もう，すでに
	〔否定文〕まだ，今のところは

重要表現 教科書p.21

◆**already**　すでに，もう

現在完了形(完了)でよく使う語。おもに肯定文で使う。

I have **already** cleaned my room.

(私はもう自分の部屋をそうじしました。)

◆**yet**　[**疑問文で**]もう，すでに[**否定文で**]まだ，今のところは
現在完了形(完了)でよく使う語。
Have you cleaned your room **yet**?
(もう部屋をそうじしましたか。)
—— No, I haven't. I **haven't** cleaned it **yet**.
(いいえ，していません。私はまだそれをそうじしていません。)

Key Sentenceチェック

★Key Sentenceの用例をたくさん覚えよう。

□1.　I **have just finished** my work.
私はたった今，仕事を終えたところです。

□2.　She **has just cleaned** her room.
彼女はたった今，自分の部屋をそうじしたところです。

□3.　We **have already read** the book.
私たちはもうその本を読みました。

□4.　**Have** you **called** her **yet**?
—— Yes, I **have**. / No, **not yet**.
あなたはもう彼女に電話をしましたか。
—— はい，しました。/ いいえ，まだです。

□5.　**Has** the bus **left yet**?
—— Yes, it **has**. / No, **not yet**.
バスはもう出ましたか。
—— はい，出ました。/ いいえ，まだです。

□6.　I **have not listened** to this CD **yet**.
私はまだこのCDを聞いていません。

Scene 2 現在完了形(継続《けいぞく》用法)

Key Sentence 6

⑨ I **have lived** in Japan for five years.
⑩ **How long have** you **lived** in Japan?
―― For five years.

⑨ 私は5年間ずっと日本に住んでいます。
⑩ あなたはどのくらい長く日本に住んでいますか。
―― 5年間です。

解説⑨ 現在完了形:「(ずっと)…しています」などの言い方

- 「(ずっと)…しています」や「(ずっと)…です」のように過去から現在まである状態が続いていることを表すときは,〈**have+過去分詞**〉の形を使う。これを現在完了形という。

〈現在〉 I live in Japan.
↓ (私は日本に住んでいます。)
〈現在完了形〉 I **have lived** in Japan for five years.
〈have+過去分詞〉 「…の間」

●現在完了形に用いる語句:for ... (…の間), since ... (…以来)

状態が続いていることを表す現在完了形の継続の文では,〈**for+期間**〉(…の間(ずっと)),〈**since+過去のある時点**〉(…(して)以来)がよく使われる。

We have had this dog **for** five years.
(私たちは5年間ずっとこのイヌを飼っています。)

I've stayed here **since** last week.
=I have 「…以来,…から」
(私は先週からここに滞在しています。)

• sinceのあとには〈主語＋動詞 ...〉の形を続けて，過去のある時点を表すこともある。

I've loved it **since** I was a little child.
〈since＋主語＋動詞 …〉
(私は小さな子供だったときから，それがずっと大好きです。)

CHART & CHECK

現在完了形(継続)でよく使われる語句	意味
〈for＋期間〉	…の間(ずっと)
〈since＋過去のある時点〉	…(して)以来

解説⑩ How longではじまる現在完了形の疑問文と答え方

• 「どのくらいの間…していますか」「…してどのくらいになりますか」などと動作や状態の現在までの継続期間をたずねるときは，〈**How long have**(または**has**) **...?**〉の形にする。これに対しては，for ten years(10年間)やsince 2010(2010年から)のように，期間やはじめた時点を答える。

How long **have** you lived in Japan?
「どのくらいの間」
── (I've lived in Japan) **For** five years.
わかっている前半は省略することが多い

How long **has** he played soccer?
「どのくらいの間」
── (He has played it) **Since** he was ten.
わかっている前半は省略することが多い

(彼はどのくらいサッカーをしていますか。
── 10歳のときからです。)

重要表現 ……………………………………… 教科書p.22

◆**What brought you here?**

あなたはここへどうやって来ましたか。

文字通りの意味は「何があなたをここへ連れてきましたか。」だが，「どうやって来ましたか」とたずねるときに使う表現。

Key Sentenceチェック

★Key Sentenceの用例をたくさん覚えよう。

□1. He **has lived** in Canada **since** 2000.
彼は2000年からずっとカナダに住んでいます。

□2. Judy and Pat **have studied** Japanese **for** three years.
ジュディとパットは3年間ずっと日本語を勉強しています。

□3. My sister **has learned** the piano **since** last year.
私の姉[妹]は去年からピアノを習っています。

□4. I**'ve used** this bike **for** two months.
私は2か月間ずっとこの自転車を使っています。

□5. They **have wanted** a dog **since** they came here.
彼らはここに来てからずっとイヌがほしいと思っています。

□6. My friend **has stayed** in Kyoto **for** a week.
私の友達は1週間ずっと京都に滞在しています。

□7. I**'ve had** a headache **for** about three hours.
私は約3時間ずっと頭痛がしています。

□8. **How long have** you **used** this bag?
—— **For** three years.
あなたはこのかばんをどのくらい使っていますか。
—— 3年間です。

□ 9. **How long has** your father **stayed** in Kyushu?

—— **Since** last month.

あなたのお父さんは九州にどのくらい滞在していますか。

—— 先月からです。

□10. **How long has** he **wanted** to buy the game?

—— **Since** he first played it.

彼はそのゲームをどのくらいの間，買いたいと思っていますか。

—— はじめてプレーしてからです。

□11. **How long have** you **had** this cat?

—— **For** ten years.

あなたはこのネコをどのくらい飼っていますか。

—— 10年間です。

□12. **How long have** you **studied** English?

—— **Since** I was five.

あなたはどのくらい英語を勉強していますか。

—— 5歳のときからです。

Read and Think 1・2 現在完了進行形

Key Sentence 7

⑪ I **have been** read**ing** a book since 10 a.m.

⑪ 私は午前10時からずっと本を読んでいます。

解説⑪ 現在完了進行形：「(ずっと)…しています」などの言い方

- 「(ずっと)…しています」のように過去から現在まである動作が続いていることを表すときは，〈**have[has] been＋...ing**〉の形を使う。これを現在完了進行形という。

〈現在進行形〉 I am reading a book now.
(私は今本を読んでいるところです。)

〈現在完了進行形〉 I **have been reading** a book since 10 a.m.
〈have+been＋...ing〉 「…から」
(私は午前10時からずっと本を読んでいます。)

重要表現 ………………………………………… 教科書p.24 ～ p.27

◆**be different from ...** …とはちがっている

My opinion **is different from** yours.
(私の意見はあなたの意見とはちがっています。)

◆**not always** いつも[必ずしも]…とは限らない

It is **not always** hot in Hawaii.
(ハワイはいつも暑いとは限りません。)

◆**not only ... but (also) ～** …だけでなく～もまた

主語で使う場合は～の語(句)が動詞を決める。also は省略できる。

Not only you **but (also)** I am from Kyoto.
(あなただけでなく私も京都の出身です。)

◆**so ... that ～**　とても…なので～だ

soのあとには形容詞あるいは副詞が入り，thatのあとには〈主語＋動詞 ...〉が続く。

I was **so** tired **that** I went to bed early.

（私はとても疲れていたので，早く寝ました。）

Key Sentenceチェック

★Key Sentenceの用例をたくさん覚えよう。

□1. I **have been studying** math **for** an hour.
私は1時間ずっと数学を勉強しています。

□2. He **has been watching** TV **since** this morning.
彼は今朝からずっとテレビを見ています。

□3. Judy and Pat **have been playing** soccer **for** forty minutes.
ジュディとパットは40分間ずっとサッカーをしています。

□4. My sister **has been playing** the piano **since** this morning.
私の姉[妹]は今朝からずっとピアノをひいています。

□5. I**'ve been using** this computer **for** two hours.
私は2時間ずっとこのコンピュータを使っています。

□6. **How long have** you **been reading** the book?
―― **For** three hours.
あなたはどのくらいその本を読んでいますか。
―― 3時間です。

これが出る! 定期テスト対策

1 日本文に合うように，(　　)内から適する語句を選ぼう。

(1) 私はたった今，夕食を食べたところです。

I (have just, was now) eaten dinner.

(2) 彼はもうその本を読みました。

He has (yet , already) read the book.

(3) あなたはもう宿題を終えましたか。

Have you finished your homework (already, yet) ?

(4) 私は5年間大阪に住んでいます。

I have lived in Osaka (since, for) five years.

(5) あなたはどのくらいそのホテルに滞在していますか。

How (many, long) have you stayed at the hotel ?

(6) 彼女は2時間ピアノをひいています。

She has been (playing, played) the piano for two hours.

2 次の英文を〔　　〕内の指示に従って書きかえよう。

(1) I did my work then.〔下線部を「たった今」にかえて〕

→I have (**just**)(**done**) my work.

(2) We have already opened the box.〔否定文に〕

→We (**haven't**) opened the box (**yet**).

(3) He has already done the work.〔疑問文にして，Noで答える〕

→(**Has**) he done the work (**yet**)? — No, (**he**)(**hasn't**).

(4) Ken has lived in Nara for two years.

〔下線部が答えの中心となる疑問文〕

→(**How**)(**long**) has Ken lived in Nara?

❸ 日本文に合うように，(　　)内の語を並べかえよう。

(1) 私は去年から東京に住んでいます。

I (lived / Tokyo / in / last / since / have / year) .

I **have lived in Tokyo since last year**.

(2) 彼は５年間柔道を練習しています。

He (*judo* / five / practiced / years / has / for) .

He **has practiced *judo* for five years**.

(3) あなたはどのくらい英語を習っていますか。

(have / how / learned / long / you) English?

How long have you learned English?

❹ 英文の意味を表す日本語を完成させよう。

(1) He has been practicing baseball for an hour.

彼は野球を(１時間ずっと練習しています)。

(2) Have you done your English homework yet?

あなたは英語の宿題を(もうやってしまいましたか)。

(3) —— No, not yet.

—— (いいえ，まだです)。

❺ 日本語の意味を表す英文を書こう。

(1) 私はまだその本を読んでいません。

I haven't [have not] read the book yet.

(2) 彼女は今朝からずっと手紙を書いています。

She has been writing a letter since this morning.

Let's Talk 1 はじめての出会い —歓迎する—

教科書p.29

Today's Point 2

③ We've been looking forward to your class.

③ 私たちはあなたの授業をずっと楽しみにしています。

解説③ We've been looking forward to ...などの言い方

- 「…をずっと楽しみにしています」と言うには〈**have been looking forward to...**〉を使う。…には名詞または動名詞(...ing形)がくる。to＋動詞の原形(不定詞)ではないことに注意。

We**'ve been looking forward to** your class.
（your class：名詞）

I**'ve been looking forward to** seeing you again.
（seeing：動名詞）

(私はあなたにまた会えることを楽しみにしています。)

重要表現 教科書p.29

◆**feel free to ...**　遠慮なく…する

Please **feel free to** ask me if you want something.

(何かほしい場合は遠慮なく私にたずねてください。)

◆**We're happy to have you here.**

ここにお迎《むか》えできてうれしいです。

◆**Make yourself at home.**　どうぞ楽にしてください。

この表現でのat homeは「くつろいで，気楽に」という意味。

◆**Let me know if there's anything you need.**

何か必要なものがあれば教えてください。

◆**Are you visiting, or do you live here?**

ご旅行中ですか，それともこちらにお住まいですか。

Unit 3 Animals on the Red List

教科書p.35 ～ p.44

Scene 1 It is ... (for＋(人など))＋to＋動詞の原形

Key Sentence 8

⑫ **It** is important **for us to understand** the problem.

⑫ 私たちが問題を理解することが重要です。

解説⑫ **〈It is ...(for＋(人など))＋to＋動詞の原形〉:「(人など)が～するのは…です」という言い方**

- 名詞の働きをする〈to＋動詞の原形〉が主語となる文は，itを主語にして〈**It is ... ＋to**＋動詞の原形〉の形でも表すことができる。このitは形式的な主語で「それは」という意味を持たず，意味上の主語は〈to＋動詞の原形〉である。

To understand the problem is important.

↓ Itにかえる

It is important.　↓ Itの内容を文末に示す

It is important **to understand** the problem.

主語　〈to＋動詞の原形〉

- 〈It is ...＋to＋動詞の原形〉の形に「(人など)が」や「(人など)にとっては」などという意味を加えるときは，〈to＋動詞の原形〉の前に〈**for**＋(人など)〉を置く。「人など」の部分に代名詞がくるときは「…を，…に」の形になる。

It is important **for us** to understand the problem.

〈for＋(人)〉

●疑問文や否定文などの言い方

〈It is ...(for＋(人など))＋to＋動詞の原形〉の疑問文や否定文はbe動詞の文と同様，疑問文の場合はbe動詞を主語itの前に出し，否定文の場合はbe動詞のあとにnotを置く。また，過去の文にする場合は，be動詞をwasにする。

Is it important for us to understand the problem?
(私たちが問題を理解することは重要ですか。)

It's **not** important for us to understand the problem.
(私たちが問題を理解することは重要ではありません。)

重要表現 ………………………………… 教科書p.37

◆**many kinds of ...**　たくさんの種類の…

There are **many kinds of** animals in the world.
(世界にはたくさんの種類の動物がいます。)

◆**be in danger of ...**　…の危険がある，危険にさらされている

He **is in danger of** losing his life.
(彼は生命を失う危険があります。)

◆**be facing ...**　…に直面している

We **are facing** many problems.
(私たちはたくさんの問題に直面しています。)

◆**... such as ～**　～のような…

I like sports **such as** tennis and baseball.
(私はテニスや野球のようなスポーツが好きです。)

◆**命令文，or ～**　…しなさい，そうしないと～

Get up early, or you'll be late for school.
(早く起きなさい，そうしないと学校に遅れますよ。)

Key Sentenceチェック

★Key Sentenceの用例をたくさん覚えよう。

□1. **It** is exciting **to play** baseball.
野球をするのはわくわくします。

□2. **It** was easy **to understand** this book.
この本を理解するのは簡単でした。

□3. **It** is important **for us to study** math.
私たちが数学を勉強することは大切です。

□4. **It** was difficult **for Yuki to get** up early.
ユキが早く起きることは難しかったです。

□5. **It**'s good **for you to read** books.
あなたが本を読むことはよいことです。

□6. Is **it** dangerous **for children to swim** in this river?
—— Yes, **it** is. / No, **it** isn't.
子供たちがこの川で泳ぐのは危ないですか。
—— はい，危ないです。/ いいえ，危なくありません。

□7. Was **it** interesting **for them to visit** Tokyo?
—— Yes, **it** was. / No, **it** wasn't.
彼らにとって東京を訪れるのはおもしろかったですか。
—— はい，おもしろかったです。
いいえ，おもしろくありませんでした。

□8. **It**'s not necessary **for her to call** me.
彼女が私に電話をする必要はありません。

□9. **It** was not hard **for Mike to speak** Japanese.
マイクにとって日本語を話すのは難しくありませんでした。

Scene 2　want＋(人など)＋to＋動詞の原形

Key Sentence 9

⑬　I **want** everyone **to know** this fact.

⑬　私は全ての人にこの事実を知ってほしいです。

解説⑬　〈want＋(人など)＋to＋動詞の原形〉：「(人など)に…してほしい」という言い方

- 「(人)に…してほしい」と言うときは〈**want＋(人)＋to＋動詞の原形**〉の形で表す。この形の文では，「(人)」の部分が〈to＋動詞の原形〉の意味上の主語になる。

I want to know this fact.

「知る」のは主語の「私」

(私はこの事実を知りたいです。)

I want **everyone** **to know** this fact.

「知る」のは「全ての人」

●「(人)に…するように言う」「(人)に…するようたのむ」という言い方

「(人)に…するように言う」と言うときは〈**tell＋(人)＋to＋動詞の原形**〉の形で表す。wantを使った文と同様,「(人)」の部分が〈to＋動詞の原形〉の意味上の主語になる。

I told **Ken** **to open** the window.

「あける」のは「ケン」

(私はケンに窓をあけるように言いました。)

「(人)に…するようたのむ」と言うときは〈**ask＋(人)＋to＋動詞の原形**〉の形で表す。

He asked **me** **to help** him.

「助ける」のは「私」

(彼は私に自分を助けるようたのみました。)

CHART & CHECK

〈動詞＋(人)＋to＋動詞の原形〉	意味
〈want＋(人)＋to＋動詞の原形〉	「(人)に…してほしい」
〈tell＋(人)＋to＋動詞の原形〉	「(人)に…するように言う」
〈ask＋(人)＋to＋動詞の原形〉	「(人)に…するようたのむ」

重要表現 …………………………………………………… 教科書p.38

◆**hear of ...**　…について聞く

I have never **heard of** him since then.

(その時以来，彼のことは聞きません。)

◆**and so on**　…など

I need pens, notebooks, **and so on**.

(私はペンやノートなどが必要です。)

◆**for example**　例えば

I like animals, **for example**, cats and dogs.

(私は例えばネコやイヌのような動物が好きです。)

◆**Why don't we ...?**　(いっしょに)…しませんか。

相手を誘う表現。Let's ... やShall we ...? とほぼ同意。

Why don't we go to the library after school?

(放課後，図書館に行きませんか。)

Key Sentenceチェック

★Key Sentenceの用例をたくさん覚えよう。

□1. I **want you to come** to the party.
私はあなたにパーティーに来てほしいです。

□2. Alex **wants you to take** a picture.
アレックスはあなたに写真を撮ってほしがっています。

□3. Our teacher **told us to practice** hard.
先生は私たちに熱心に練習するように言いました。

□4. I **want you to be** happy.
私はあなたに幸せになって欲しいです。

□5. I **want you to call** me when you have time.
時間があるときに電話をしてほしいです。

□6. **Do** you **want Miki to get** a new job?
—— Yes, I **do**. / No, I **don't**.
あなたはミキに新しい仕事を得てほしいですか。
—— はい，そうしてほしいです。
いいえ，そうしてほしくありません。

□7. **Does** she **want Kenta to go** abroad?
—— Yes, she **does**. / No, she **doesn't**.
彼女はケンタに海外へ行ってほしいのですか。
—— はい，彼女はそうしてほしいのです。
いいえ，彼女はそうしてほしくありません。

□8. Will your sister **ask you to help** her?
あなたの妹[姉]はあなたに手伝ってくれるよう頼むでしょうか。

□9. She didn't **tell me to open** the door.
彼女は私にドアをあけるようには言いませんでした。

Read and Think 1, 2 let [help]+(人など)+動詞の原形

Key Sentence 10

⑭ **Let** us **give** you one example.
⑮ People **helped** *toki* **live** safely.

⑭ 一例をあげさせてください。
⑮ 人々はトキが安全に生きる手助けをしました。

解説⑭ 〈let ＋(人など)＋ 動詞の原形〉という言い方

- 「～に…させる」というときは，〈let＋(人など)＋動詞の原形〉の形で表す。この形をとるletは使役動詞と呼ばれる。

Let us **give** you one example.
（us：人　give：動詞の原形）

解説⑮ 〈help ＋(人など)＋動詞の原形〉という言い方

- 「～が…するのを手伝う」というときは，〈help＋(人など)＋動詞の原形〉の形で表す。

People **helped** *toki* **live** safely.
（*toki*：人など　live：動詞の原形）

プラスワン

She **helped** him **to do** his homework.
（him：人　to do：〈to＋動詞の原形〉）
(彼女は彼が宿題をするのを手伝いました。)

〈**help＋**(人など)**＋to 不定詞**〉の形でも「(人など)が…するのを手伝う」という意味になる。

重要表現 ……………………………………教科書p.40～p.44

◆**up until ...**　…まで

I was very busy **up until** yesterday.

(私は昨日までとても忙しかったです。)

◆**one by one**　１人[１つ]ずつ

One by one, the stars appeared.

(１つまた１つと星が現れました。)

◆**in the 1990s**　1990年代に

「○○年代」というときは，〈the＋数字s〉の形で表す。

the 1990sはthe nineteen ninetiesと読む。

◆**die out**　絶滅する

Some animals may **die out** in the future.

いくつかの動物は将来，絶滅するかもしれない。

◆**relate ... to ～**　…を～に関係させる

He **related** all thing **to** this event.

彼は全てのものごとをこの出来事と関連させた。

◆**human being**　人間(全体)

human beingで動物に対して総称的に「人間」全体を指す。

humanは「人間」「人間の」という意味，beingは「生き物」という意味。

Key Sentenceチェック

★Key Sentenceの用例をたくさん覚えよう。

□1.　**Let** me **see** it.

私にそれを見せて。

□2. I will **help** you **carry** the books.
あなたが本を運ぶのを手伝いましょう。

□3. Please **let** me **know** if you have any problems.
何か問題があればお知らせください。

□4. He **helped** me **do** my homework.
彼は私が宿題をするのを手伝ってくれました。

□5. **Let** me **explain** the fact.
事実を説明させてください。

□6. Will you **help** me **wash** the dishes?
私がお皿を洗うのを手伝ってくれますか。

□7. **Let** me **buy** you a drink.
あなたの飲み物を私に買わせてください。

□8. Please **help** me **write** my report.
私が報告書を書くのを手伝ってください。

□9. **Let** me **take** one more picture.
もう１枚写真を撮らせてください。

□10. She **helped** me **cook** dinner.
彼女は私が夕食を作るのを手伝ってくれました。

□11. My father won't **let** me **go** abroad.
私の父は私に海外へ行かせてくれないでしょう。

□12. He **helped** the elderly woman **walk** across the street.
彼はその年配の女性が通りを横断するのを手伝いました。

□13. **Let** me **ask** you a question.
１つ質問をさせてください。

これが出る! 定期テスト対策

1 日本文に合うように，(　)内に適当な英語を入れよう。

(1) あなたがたくさんの場所を訪れるのはよいことです。

(**It**) is good (**for**) you (**to**) visit a lot of places.

(2) 私にとって英語を上手に話すのは難しいです。

(**It's**) difficult (**for**) me (**to**) speak English well.

(3) 彼らはあなたに歌ってほしいと思っています。

They want (**you**) (**to**) sing.

(4) あなたのかばんを運ばせてください。

(**Let**) (**me**) carry your bag.

(5) 私がその仕事をするのを手伝って。

(**Help**) me (**do**) the work.

(6) 私は彼に手紙を書いてほしかったのです。

I (**wanted**) him (**to**) write a letter.

2 ほぼ同じ意味を表す英語に書きかえよう。

(1) Swimming in the sea is fun for me.

→It is fun for me (**to**) (**swim**) in the sea.

(2) I'm interested in watching movies.

→It's (**interesting**) for (**me**) to watch movies.

(3) Help me with my homework.

→Help (**me**) (**do**) my homework.

(4) I will tell you the story.

→(**Let**) (**me**) tell you the story.

3 日本文に合うように，(　)内の語を並べかえよう。

(1) 彼が宿題を終えるのは難しかったです。

(difficult / was / to / for / it / him) finish his homework.

It was difficult for him to finish his homework.

(2) サッカーをするのはあなたにとって楽しいことですか。

(you / to / fun / for / it / is) play soccer?

Is it fun for you to play soccer?

(3) 私は彼女にそのゲームの遊び方を知ってほしいです。

(to / to / how / I / want / her / know) play the game.

I want her to know how to play the game.

(4) 彼は弟が宿題をするのを手伝いました。

(he / his / do / helped / brother) his homework.

He helped his brother do his homework.

(5) 何か問題があれば私に知らせてください。

(me / if / let / there / know / are) some problems.

Let me know if there are some problems.

4 日本語の意味を表す英文を書こう。

(1) 私の姉がこのケーキを作るのは簡単です。

It is [It's] easy for my sister to make this cake.

(2) 私はあなたにあなたの写真を見せてほしいです。

I want you to show me your picture(s).

(3) あなたに私の部屋を見せてあげましょう。(letを用いて)

Let me show you my room(s).

Let's Write 2 記事への意見 ―投稿文―

教科書p.45

Today's Point 3

④ **I do not think** we need laws for electronic device use.

④ 私は電子機器の使用に関する法律が必要だとは思いません。

解説④ 「…とは思わない」という言い方

- 「…と思わない」というときは〈**I do not [don't] think that ....**〉で表す。このthatは接続詞で，省略することもできる。

  I do not think (that) we need laws for electronic device use.
  (that＝接続詞)

重要表現 ……………………………………………… 教科書p.45

◆**What about ...?**　…についてはどう思いますか。

... には名詞または動名詞がくる。

What about talking on the phone in the train?

（あなたは電車内で電話で話すことについてはどう思いますか。）

◆**work on ...**　…に取り組む，従事する

I'm **working on** the problem.（私はその問題に取り組んでいます。）

◆**I have two reasons.**　理由は２つあります。

◆**First, ... Second, ...**　第１に…。第２に…。

上記の「理由は２つあります。」に続けて具体的に述べる言い方。

I think studying English is important. **I have two reasons.** **First,** many people speak English. **Second,** a lot of information is written in English on the internet.

（英語を勉強することは大切だと思います。理由は2つあります。第1に多くの人々が英語を話しています。第2にインターネットではたくさんの情報が英語で書かれています。）

Unit 4 Be Prepared and Work Together

教科書p.57 ～ p.66

Scene 1 間接疑問文

Key Sentence 11

⑯ I know **where** the local shelter is.

⑯ 私は地域の避難所がどこにあるか知っています。

解説⑯ 〈know＋疑問詞(whereなど)＋主語＋動詞〉：「(どこになど)…か知っています」という言い方

- 疑問詞(whereなど)で始まる疑問文が別の文の中に入る場合，疑問詞以下は〈疑問詞＋主語＋動詞〉の語順になる。

〈be動詞〉 Where is the local shelter?

I know **where the local shelter is**.
〈where＋主語＋動詞〉

〈一般動詞(三人称単数現在)〉What does he mean?

doesは不要

I know **what he means**.
〈what＋主語＋動詞〉
動詞は三人称単数現在形になる

(私は彼が何を言おうとしているのか知っています。)

〈一般動詞(過去)〉 What did he say?

didは不要

I know **what he said**.
〈what＋主語＋動詞〉
動詞は過去形になる

(私は彼が何を言ったのか知っています。)

〈助動詞〉　What will you do?

I know **what you will do** .
〈what＋主語＋助動詞＋動詞〉
（私はあなたが何をするのかわかります。）

●〈When ...? / Why ...? / How ...?〉の疑問文の場合：「いつ…か知っています」などという言い方

When ...? / Why ...? / How ...?なども，目的語にすることができる。

I know **when she came** .
（私は彼女がいつ来たのか知っています。）

I don't understand **why your teacher said so** .
（あなたの先生がなぜそう言ったのかわかりません。）

Do you know **how this watch works** ?
（あなたはこの時計がどうやって動くか知っていますか。）

重要表現 ………………………………………… 教科書p.59

◆**be prepared for ...**　…に向けて備えている

We must **be prepared for** disasters.
（私たちは災害に備えなければいけません。）

◆**in case of ...**　…の場合には

In case of a fire, call 119.
（火事の場合には119番に電話をしなさい。）

◆**how to ...**　…する方法，…のし方

I don't know **how to** wear *kimono*.
（私は着物の着方を知りません。）

Key Sentenceチェック

★Key Sentenceの用例をたくさん覚えよう。

□1. I know **what she wants**.
私は彼女が何をほしがっているか知っています。

□2. He remembers **who that woman is**.
彼はあの女の人がだれか覚えています。

□3. I don't know **why he didn't come here**.
私は彼がなぜここに来なかったのかわかりません。

□4. Do you know **where Ken lives**?
ケンがどこに住んでいるかあなたは知っていますか。

□5. She knows **how Mike comes to school**.
彼女はマイクがどうやって学校に来るか知っています。

□6. He doesn't remember **when he saw the girl**.
彼はその女の子にいつ会ったか覚えていません。

□7. Becky can understand **what I say**.
ベッキーは私が何を言っているのか理解できます。

□8. I wonder **what the child is looking at**.
私はその子供が何を見ているのだろうかと思っています。

□9. Do you know **where we can get food and water**?
どこで食べ物と水を入手できるかあなたは知っていますか。

□10. I don't know **what time the concert will start**.
コンサートが何時にはじまるか，私は知りません。

□11. Do you know **how much this is**?
これがいくらかあなたは知っていますか。

□12. Do you know **when** and **where they held the party**?
あなたは彼らがいつどこでパーティーを開いたか知っていますか。

Scene 2 動詞＋(人)＋whatなどで始まる節

Key Sentence 12

⑰ Tell me **what** you have done.

⑰ あなたが何をしたところかを教えてください。

解説⑰ **〈動詞＋(人)＋whatなどで始まる節〉：「(人)に(whatなどで始まる節の内容)を…する」という言い方**

- 「(人)に(whatなどで始まる節の内容)を…する」という文は，〈動詞＋(人)＋**what**＋主語＋動詞〉で表す。この文の動詞はtell, show, teachなどがよく使われる。

What have you done?

Tell me **what you have done** .

(あなたが何をしたところかを(私に)教えてください。)

重要表現 ……………………………………… 教科書p.60

◆**decide how to ...**　…する方法を決める

decide(決める)の目的語にhow to ... など〈疑問詞＋不定詞〉がくる形。〈疑問詞＋不定詞〉はさまざまな動詞の目的語になる。

I **decided how to** communicate with him.

(私は彼と連絡をとり合う方法を決めました。)

◆**each other**　お互い

副詞ではなく代名詞であることに注意。

We have known **each other** for thirty years.

(私たちは30年来の知り合いです。)

Key Sentenceチェック

★Key Sentenceの用例をたくさん覚えよう。

□1. Please **tell** me **when your birthday is**.
あなたの誕生日がいつか，私に教えてください。

□2. She **showed** me **how she cooked dinner**.
彼女は私にどうやって夕食を作るのかを示しました。

□3. He **told** me **where he played basketball**.
彼は私にどこでバスケットボールをするのか伝えました。

□4. Let's **ask** her **where that boy lives**.
あの少年がどこに住んでいるか，彼女にたずねましょう。

□5. Please **tell** me **when you met him**.
いつ彼に会ったのか私に教えてください。

□6. He **told** me **who gave him the book**.
彼は私にだれが彼にその本をくれるのかを話しました。

□7. Please **tell** me **when you came** here.
あなたがいつここへ来たか，私に教えてください。

□8. His mother often **asks** him **when he will do his homework**.
彼のお母さんはよく彼に，いつ宿題をするのかたずねます。

□9. Please **tell** us **how many books you have**.
あなたが何冊の本を持っているか私たちに教えてください。

□10. He **didn't tell** me **how much money he had**.
どのくらいのお金を持っているのか彼は私に言いませんでした。

□11. I **asked** him **why he didn't come** to the party.
なぜパーティーに来ないのか私は彼にたずねました。

□12. He **showed** me **how he practiced the guitar**.
彼は私にどうやってギターを練習するのかを示しました。

Read and Think 1　現在分詞

Key Sentence 13

⑱ We spoke to a police officer **passing** by.

⑱ 私たちは通り過ぎようとしている警察《けいさつ》官に話しかけました。

解説⑱ すぐ前の名詞を修飾する現在分詞(...ing形)：「…している～」の言い方

- 「…している～」と名詞に説明を加えるときは，名詞のあとに〈現在分詞＋語句〉を置く。

We spoke to a police officer **passing** by .

名詞　〈現在分詞＋語句〉

現在分詞が単独の場合は，名詞の前に置く。

Look at that **crying** child.（あの泣いている子供を見なさい。）

重要表現 ………………………………………… 教科書p.62

◆**too ... to ～**　～するには…すぎる，あまりにも…なので～できない

He is **too** old **to** work.（彼は年を取りすぎていて働けません。）

◆**get out**　外へ出る

Let's **get out** .（外へ出ましょう。）

◆**pass by**　通り過ぎる

A bus **passed by** the high school.

（バスが高校を通りすぎました。）

◆**go back**　帰る，戻る

Let's **go back** home.（家に帰ろう。）

◆**on the way (back)**　（帰る）途中で

Key Sentenceチェック

★Key Sentenceの用例をたくさん覚えよう。

□1. Look at **that dog swimming in the lake**.
湖で泳いでいるあのイヌを見なさい。

□2. I have **a friend living in London**.
私にはロンドンに住んでいる友達がいます。

□3. **The tall girl playing soccer** is my sister.
サッカーをしている背の高い女の子は私の妹[姉]です。

□4. **The boy playing the violin** is my brother.
バイオリンをひいている少年は私の弟[兄]です。

□5. Do you know **the man reading a book over there**?
あなたは向こうで読書をしている男性を知っていますか。

□6. **The dog sleeping under the chair** is Shiro.
いすの下で寝ているイヌはシロです。

□7. Are **those boys standing by the window** your brothers?
窓のそばに立っているあれらの男の子たちはあなたの兄弟ですか。

□8. Do you know **the musician playing the piano over there**?
あそこでピアノをひいている音楽家をあなたは知っていますか。

□9. Who is **the young woman sitting under the tree**?
木の下ですわっている若い女性はだれですか。

□10. There is **a girl swimming in the lake**.
湖で泳いでいる少女がいます。

Read and Think 2 過去分詞

Key Sentence 14

⑲ They followed instructions **given** in English.

⑲ 彼らは英語で与えられる指示に従いました。

解説⑲ すぐ前の名詞を修飾する過去分詞：「…される～」や「…された～」などの言い方

- 「…で与えられる指示」のように「…され(てい)る～」や「…された～」などと名詞に説明を加えるときは，名詞のあとに〈過去分詞＋語句〉を置く。

They followed instructions.

「英語で与えられる」 It is given in English.

「英語で与えられる指示」 They followed instructions **given** in English.

名詞 ← 〈過去分詞＋語句〉

過去分詞が単独の場合は，名詞の前に置く。

I bought a **used** car. ＊「使われた車」＝「中古車」

(私は中古車を買いました。)

重要表現 …………………………………………… 教科書p.64

◆**more and more** ますます(多くの)

More and more foreign people are coming to Japan.

(ますます多くの外国人が日本に来ています。)

◆**hand out ...** …を配る

The teacher **handed out** the papers.

(先生が書類を配りました。)

Key Sentenceチェック

★Key Sentenceの用例をたくさん覚えよう。

□1. This is **a TV made in Japan**.
これは日本製のテレビです。

□2. **The book written by the man** is interesting.
その男の人によって書かれた本はおもしろいです。

□3. These are **songs loved around the world**.
これらは世界中で愛されている歌です。

□4. Is this **a book sold in your country**?
これはあなたの国で売られている本ですか。

□5. Which is **the computer used by your mother**?
あなたのお母さんに使われているコンピュータはどれですか。

□6. **A language spoken in Australia** is English.
オーストラリアで話されている１つの言語は英語です。

□7. Have you ever seen **a picture painted by him**?
あなたは今までに彼によって描かれた絵を見たことがありますか。

□8. These are **the windows broken by the boys**.
これらはその少年たちによって割られた窓です。

□9. Look at **that picture taken by the photographer**.
その写真家によって撮られたあの写真を見なさい。

□10. Is **the desk made of wood** yours?
木で作られたその机はあなたのものですか。

□11. What is **that mountain seen from here**?
ここから見られるあの山は何ですか。

□12. Mr. Yamada is **a teacher loved by every student**.
ヤマダ先生は全ての生徒に好かれている先生です。

これが出る! 定期テスト対策　教科書p.57 ~ p.66

1 (　　　)内から適する語句を選ぼう。

(1) The boys (dancing, danced, dances) in the park are my brother and his friends.

(2) The stars (saw, seen, seeing) last night were very beautiful.

(3) I know what (is that, that is) .

(4) Will you tell me who (is she, she is) ?

2 日本文に合うように，(　　　)内に適当な英語を入れよう。

(1) これはエミが東京で買ったかばんです。

This is a (**bag**)(**bought**) by Emi in Tokyo.

(2) あなたは彼女があの箱をどうやって見つけたか知っていますか。

Do you know (**how**)(**she**)(**found**) that box?

(3) あなたの誕生日がいつか私に教えてください。

Please tell me (**when**) your (**birthday**)(**is**) .

(4) 彼が何になりたいと思っているか私に教えてくれますか。

Will you (**tell**) me (**what**) he (**wants**) to be?

3 英文の意味を表す日本語を完成させよう。

(1) The girl studying in the classroom is Yumi.

(**教室で勉強している女の子**)はユミです。

(2) Do you know where they are playing baseball?

(**彼らがどこで野球をしているか**)あなたは知っていますか。

❹ 日本文に合うように，(　　　)内の語を並べかえよう。

(1) 彼はシロと呼ばれる大きなイヌを飼っています。

He (Shiro / dog / a / has / called / big) .

He **has a big dog called Shiro** .

(2) 私は彼になぜ私の意見に賛成するのかたずねました。

I asked him (opinion / he / with / agreed / my / why) .

I asked him **why he agreed with my opinion** .

❺ 2つの文を1つの文にまとめよう。

(1) The boy is reading a book. I don't know him.

→ I don't know **the boy reading a book.**

(2) This is the computer. It is used by my mother.

→ This is **the computer used by my mother.**

(3) What do you mean? I don't know.

→ I don't know **what you mean.**

(4) How old is he? Please tell me.

→ Please tell **me how old he is.**

❻ 日本語の意味を表す英文を書こう。

(1) テーブルの下で眠っているネコを見なさい。

Look at the cat sleeping under the table.

(2) 父はアメリカ製の車をほしがっています。

My father wants a car made in America.

Let's Talk 2 町中での手助け —申し出る—

教科書p.67

Today's Point 4

5 **Would you like me to** carry your umbrella?

5 あなたの傘《かさ》をお持ちしましょうか。

解説5 「…しましょうか」という言い方

- 相手に「…しましょうか」と申し出るには〈**Would you like me to ...?**〉で表す。直訳すると「私に…してほしいのですか」という意味になる。

Would you like me to come with you?
(いっしょに行きましょうか。)

重要表現 ……教科書p.67

◆**That's very kind of you.**
どうもご親切にありがとうございます。
Thank you.よりもていねいなお礼の表現。

◆**would like ... to ～**　…に～してほしい(のですが)

◆**Do you need some help?**　お手伝いが必要ですか。

◆**Is there anything I can do for you?**
何かできることはありますか。

◆**Where would you like to go?**　どこへ行きたいのですか。

◆**Sorry, I can't help you. I'm in a hurry.**
お役に立てずごめんなさい。急いでいるのです。

◆**Could you help me buy a ticket?**
切符《きっぷ》を買うのを手伝ってくださいますか。

これが出る! 定期テスト対策

1 (　　　)内から適する語句を選ぼう。

(1) (Can, Will, Would) you like me to carry your bag?

(2) That's very kind (to, of, for) you.

(3) Sorry, I (can't, mustn't, won't) help you. I'm in a hurry.

(4) Could you help me (find, found, finding) a bus?

2 日本文に合うように，(　　　)内に適当な英語を入れよう。

(1) お手伝いが必要ですか。

Do you (**need**) some (**help**) ?

(2) 私が緑駅へ連れて行ってあげましょうか。

(**Shall**) I (**take**) you to Midori Station?

(3) 道をご案内しましょうか。

(**Would**) you (**like**) me to tell you the way?

(4) いいえ，だいじょうぶです。

(**No**), (**thank**) you. I'm fine.

3 英文の意味を表す日本語を完成させよう。

(1) Could you tell me how I can get to the hospital?

(病院へはどうやって行けばよいか)教えてくださいますか。

(2) Would you like me to go to the museum with you?

博物館までいっしょに(行きましょうか)。

(3) That's very kind of you.

(どうもご親切にありがとうございます)。

→次ページに続きます。

4 日本文に合うように，(　　　)内の語を並べかえよう。

(1) 何かできることはありますか。

(there / is / I / can / anything / do) for you ?

Is there anything I can do for you?

(2) タクシーに乗るのを手伝ってくれますか。

(you / me / get / could / help) a taxi?

Could you help me get a taxi?

5 ほぼ同じ意味を表す英文に書きかえよう。

(1) Shall I help you?

→(**Would**) you like (**me**) to help you?

(2) Could you tell me how I can buy a ticket?

→Could you tell me (**how**) (**to**) buy a ticket?

(3) Where do you want to go?

→Where would you (**like**) (**to**) go?

6 (　　　)内の語を使って日本語の意味を表す英文を書こう。

(1) 公園へ行く道を教えてくださいますか。(tell)

Could [Would, Will] you tell me the way to the park?

(2) かばんを運ぶのを手伝ってくださいますか。(carry)

Could [Would, Will] you help me carry my [the] bag?

(3) お役に立てずごめんなさい。急いでいるのです。(hurry)

Sorry, I can’t help you. I’m in a hurry.

Unit 5 A Legacy for Peace

教科書p.71 ~ p.80

Scene 1 名詞を修飾する文

Key Sentence 15

⑳ This is **a picture I found** on the internet.

⑳ これは私がインターネットで見つけた写真です。

解説⑳ 名詞を〈主語＋動詞〉が後ろから修飾する文：「私が見つけた写真」などの言い方

- 〈to＋動詞の原形〉や現在分詞，過去分詞などをもちいた語句は，名詞に説明を加えることができる。「私が見つけた」のような〈主語＋動詞〉の形も，同じ使い方ができる。「私が見つけた写真」なら，「写真」のあとに「私が見つけた」を表す文を続ける。これは〈主語＋動詞＋目的語〉の語順をかえて，「…を」を表す目的語がいちばん前にきた形と考えればよい。

「私は写真を見つけました。」 I found / a picture / on the internet.

「私が見つけた写真」 a picture / I found / on the internet

名詞 ← 〈主語＋動詞〉

この〈名詞＋主語＋動詞〉はひとかたまりで，文中で名詞として使われる。

This is **a picture** [**I found** on the internet].

The bag **Emi has** is very good.
(エミが持っているかばんはとてもよいです。)
I like **the bike** **my father gave me**.
(私は父が私にくれた自転車が好きです。)

重要表現 ………………………………………… 教科書 p.73

◆**be born on** 日付　日付に生まれる

Gandhi **was born on** October 2, 1869.
(ガンディーは1869年10月2日に生まれました。)

比較しよう **be born in** 年／月

Gandhi **was born in** 1869.
(ガンディーは1869年に生まれました。)
Gandhi **was born in** October 1869.
(ガンディーは1869年10月に生まれました。)

Key Sentenceチェック

★Key Sentenceの用例をたくさん覚えよう。

□1. This is **the bike I use** every day.
これは私が毎日使っている自転車です。

□2. These are **the pens Emi gave** me.
これらはエミが私にくれたペンです。

□3. Is that **the computer your father uses**?
あれはあなたのお父さんが使うコンピュータですか。

□4. This is not **the bag I bought** in Canada.
これは私がカナダで買ったかばんではありません。

□5. **The song they like** is very famous.
彼らが好きなその歌はとても有名です。

□6. **The camera Ken has** was made in Japan.
ケンが持っているカメラは日本で作られました。

□7. **The house he lives in** is very big.
彼が住んでいる家はとても大きいです。

□8. **The men I saw** were soccer players.
私が見た男の人たちはサッカー選手でした。

□9. I've read **a book she wrote**.
私は彼女が書いた本を読んだことがあります。

□10. Do you like **the song Aya is singing**?
あなたはアヤが歌っている歌が好きですか。

□11. What is **the country Kumi visited** last summer?
この前の夏にクミが訪れたのは何という国ですか。

□12. Who is **the person you called** yesterday?
昨日あなたが電話をした人はだれですか。

□13. Which is **the picture my sister took**?
私の姉[妹]が撮った写真はどちらですか。

□14. This is not **the gift my father sent me**.
これは私の父が私に送ってくれた贈り物ではありません。

□15. I have never watched **the movie you like the best**.
私はあなたがいちばん好きな映画を一度も見たことがありません。

Scene 2 関係代名詞who

Key Sentence 16

㉑ Gandhi is a man **who** has influenced a lot of people.

㉑ ガンディーは多くの人々に影響を与えた人です。

解説㉑ 関係代名詞who：「…に影響を与えた人」などの言い方

- 「…に影響を与えた人」というように「人」に「…に影響を与えた」を表す部分が説明を加える形。

「人」について説明を加えるときは関係代名詞の**who**を使う。

=

Gandhi is a man. He has influenced a lot of people.

「人」

Gandhi is a man **who** has influenced a lot of people.

「人」　「多くの人々に影響を与えた」

whoは名詞（man）と以下の文をつなぐ接続詞の働きと，導く文の中での主語の2つの働きをしている。

●関係代名詞の文の訳し方

疑問詞whoには「だれ」という意味があるが，関係代名詞whoにはそのような意味はない。訳し方は関係代名詞に導かれる文が前にある名詞を説明しているので，まず関係代名詞以下を訳してから，名詞を訳せばよい。

The boy **who** sang *Furusato* is Ken.

「男の子」　「『ふるさと』を歌った」

（『ふるさと』を歌った男の子はケンです。）

この例のように，関係代名詞が説明する名詞が文の主語になる場合もある。

重要表現 教科書p.74

◆**human rights**　人権

このhumanは「人間の，人間に関する」，rightは「権利」という意味を表す。

He never used violence, so he's still respected by people who fight for **human rights**.

（彼は決して暴力を用いなかったので，彼はいまだに人権のためにたたかう人々に尊敬されています。）

◆**go on ...**　…を続ける

He also **went on** fasts to protest.

（彼は抗議するために断食《だんじき》も続けました。）

Key Sentenceチェック

★Key Sentenceの用例をたくさん覚えよう。

□1.　Aya is **a girl who likes** to play tennis.
　　アヤはテニスをするのが好きな女の子です。

□2.　I have **friends who play** the piano well.
　　私にはピアノをじょうずにひく友達がいます。

□3.　He is **the teacher who teaches** us math.
　　彼は私たちに数学を教えている先生です。

□4.　**That child who has** a big box is my brother.
　　大きな箱を持っているあの子供は私の弟［兄］です。

□5.　Look at **those players who are** very tall.
　　とても背の高いあれらの選手たちを見てください。

□6. I'm looking for **a boy who can swim** fast.
私は速く泳ぐことができる男の子をさがしています。

□7. **The student who wrote** this report is Becky.
このレポートを書いた生徒はベッキーです。

□8. **The boys who are talking** in the room are Ken's friends.
部屋で話している男の子たちはケンの友達です。

□9. Do you know **the man who was sitting** by the tree then?
そのとき木のそばにすわっていた男の人を知っていますか。

□10. She is **a musician who is loved** by everyone.
彼女はみんなから愛されている音楽家です。

□11. I want to meet **the girl who has been** to Canada.
私はカナダに行ったことのある女の子に会いたいです。

□12. She was **the first woman who went** abroad.
彼女は外国に行った最初の女性でした。

□13. Her father is **a writer who travels** around the world.
彼女のお父さんは世界中を旅行する作家です。

□14. Marie Curie is **the scientist who won** the Nobel Prize twice.
マリー・キュリーはノーベル賞を２度受賞した科学者です。

□15. My teacher is **the poet who wrote** many famous haiku.
私の先生はたくさんの有名な俳句を書いた詩人です。

Read and Think 1, 2 関係代名詞that [which](主格)

Key Sentence 17

㉒ This is a movie **that [which]** makes people happy.

㉒ これは人々を幸せにする映画です。

解説㉒ 関係代名詞 that, which：「…を幸せにする映画」などという言い方

- 「…を幸せにする映画」のように「もの」や「動物」に説明を加えるときは，関係代名詞**that**または**which**を使い，〈名詞＋**that**（または**which**）＋動詞 ...〉の語順にする。

基本文はthat [which]以下がa movieを説明している。

This is a movie.　＝　It makes people happy.
「映画」

This is a movie [**that [which]** makes people happy].
「映画」　「人々を幸せにする」

thatやwhichは名詞と以下の文をつなぐ接続詞の働きと，導く文の中で主語の働きをする代名詞の役割をしている。

●関係代名詞who, that, whichのあとにくる動詞の形

関係代名詞who, that, whichは関係代名詞が導く文の中で主語の働きをするので，それに続く動詞の形は説明される名詞の人称や数と，関係代名詞が導く文の時制（過去・現在・未来など）によって決まる。

I know a girl who speak**s** English well.
三人称単数

（私は英語をじょうずに話す女の子を知っています。）

Look at these books that **are** written in English.

複数

(英語で書かれているこれらの本を見なさい。)

This is the picture which **was** taken by him yesterday.

過去

(これは昨日彼によって撮影された写真です。)

重要表現 教科書 p.76 ~ p.77

◆**at that time**　その当時

South Africa was under British rule **at that time** and there was a lot of discrimination.

(その当時南アフリカはイギリスの統治下にあり，多くの差別がありました。)

◆**stand up**　立ち上がる

Indians in South Africa got angry and **stood up** against the law.

(南アフリカのインド人たちは怒りそしてその法に反対して立ち上がりました。)

◆**even if ...**　たとえ…だとしても

Don't use violence, **even if** you are arrested.

(たとえあなたが逮捕されるとしても暴力を使ってはならない。)

◆**in those days**　そのころは

In those days, there was a law that the British made for salt.

(そのころは，イギリス人が塩のために作った法がありました。)

◆**thousands of**　何千もの

Thousands of people joined him on the way.

(何千もの人々が途中で彼に加わりました。)

Key Sentenceチェック

★Key Sentenceの用例をたくさん覚えよう。

□1. This is **a story that [which] makes** me happy.
これは私を幸せにする話です。

□2. This is **a song that [which] is** popular in Japan.
これは日本で人気のある歌です。

□3. Is this **the bus that [which] goes** to the hospital?
これは病院に行くバスですか。

□4. You can play **the piano that [which] is** by the window.
窓のそばにあるピアノはひくことができます。

□5. **The cat that [which] is sleeping** on the bed is mine.
ベッドの上で眠っているネコは私のです。

□6. I'll buy **a present that [which] will make** him happy.
私は彼を楽しくさせるプレゼントを買います。

□7. Here is **a TV that [which] was made** in Japan.
ここに日本で作られたテレビがあります。

□8. **The big building that [which] stands** near the station is City Hall.
駅のそばにある大きな建物は市役所です。

□9. I went to **the park that [which] wasn't** far from here.
私はここから遠くない公園に行きました。

□10. Have you read **the book that [which] is** on the table yet?
あなたはテーブルの上にある本をもう読みましたか。

□11. Is this **the train that [which] will leave** at seven?
これは7時に出発する電車ですか。

□12. There are **lots of cakes that [which] look** good in the store.
店内にはおいしそうなケーキがたくさんあります。

Read and Think 1, 2 関係代名詞that [which](目的格)

Key Sentence 18

㉓ This is a picture **that [which]** I found on the internet.

㉓ これは私がインターネットで見つけた写真です。

解説㉓ **目的語の働きをするthat, which:「私が見つけた写真」という言い方**

- 「私が見つけた写真」のように名詞(picture)に説明を加えるときは，名詞のあとに〈主語＋動詞 ...〉を続ける形で表せるが，関係代名詞**that**または**which**を入れて表すこともできる。この場合の関係代名詞は，目的語(「…を，…に」にあたる語)の働きをしている。

This is a picture. ＝ I found it on the internet.

This is a picture **that [which]** I found on the internet.

「写真」　「私がインターネットで見つけた」

thatやwhichは名詞と以下の文をつなぐ接続詞の働きと，導く文の中で目的語の働きをする代名詞の役割をしている。

●目的語の働きをする関係代名詞の省略

目的語の働きをする関係代名詞thatまたはwhichは省略されることが多い。

This is a message **that** he left me yesterday.

↓ 関係代名詞を省略

This is a message he left me yesterday.

〈主語＋動詞〉

(これは昨日彼が私に残したメッセージです。)

この文は〈名詞＋主語＋動詞 ...〉の語順となっている。これは教科書p.73で学習した名詞を修飾する〈主語＋動詞〉の文と同じ。つまり，教科書p.73の文を関係代名詞thatやwhichが省略されたものと考えることもできる。

This is a book **that [which]** I brought from home.

↓関係代名詞を省略

This is a book I brought from home.

（これは私が家から持ってきた本です。）

Key Sentenceチェック

★Key Sentenceの用例をたくさん覚えよう。

□1. This is **the camera that [which] I want to buy**.
これは私が買いたいと思っているカメラです。

□2. This is **the bag that [which] my mother made** for me.
これは母が私のために作ってくれたかばんです。

□3. **The bike that [which] Yumi uses** every day is old.
ユミが毎日使っている自転車は古いです。

□4. **The ball that [which] he bought** yesterday is in the box.
彼が昨日買ったボールは箱の中にあります。

□5. Show me **the pictures that [which] you took** in Kyoto.
京都で撮影した写真を私に見せて。

□6. Is that **the dog that [which] Mr. Suzuki has**?
あれはスズキ先生が飼っているイヌですか。

□7. **The guitar that [which] I've used** for ten years is good.
私が10年間使っているギターはすばらしいです。

□8. **The hotel that [which] we stayed at** had a lot of rooms.
私たちが滞在したホテルにはたくさん部屋がありました。

□9. Where was **the CD that [which] you were looking for** last night?
あなたが昨夜さがしていたCDはどこにありましたか。

□10. Is that **the book that [which] my mother gave Tom**?
あれは私の母がトムに与えた本ですか。

□11. The photos **that [which] she took** is very beautiful.
彼女が撮った写真は非常に美しいです。

□12. **The poem that [which] my teacher wrote** made me happy.
私の先生が書いたその詩は，私を幸せにしてくれました。

□13. How much is **the T-shirt that [which] she found** in Kyoto?
彼女が京都で見つけたTシャツはいくらですか。

□14. **The bike that [which] my father made** is expensive.
私の父が作ったその自転車は高価です。

□15. The movie **that [which] I watched yesterday** was very interesting.
私が昨日見た映画はたいへんおもしろかったです。

これが出る！ 定期テスト対策　教科書p.71 ~ p.80

1 日本文に合うように，(　　　)内に適当な英語を入れよう。

(1) 彼はこの本を書いた人を知っています。
He knows the person (**who**)(**wrote**) this book.

(2) 私が道をたずねた学生はとても親切でした。
The student (**I**)(**asked**) the way was very kind.

(3) あなたが今まで聞いたうちで最もよい歌は何ですか。
What is the best (**song**)(**you**) have ever heard?

(4) テーブルにはとてもおいしそうな食べ物があります。
There's some food (**that [which]**) looks delicious on the table.

(5) サキに助けられた年配の女性はケンの祖母です。
The old woman (**who**)(**was**) helped by Saki is Ken's grandmother.

(6) 私があなたにあげたプレゼントを，あなたは気に入ってくれましたか。
Did you like the present (**that [which]**) I gave you?

2 英文の意味を表す日本語を完成させよう。

(1) The guitar my brother bought is nice.
(私の兄[弟]が買ったギター)はすてきです。

(2) I saw a girl who is from China.
(私は中国出身の女の子)に会いました。

(3) This is the message that made everyone happy.
これが(みんなを幸せにしたメッセージ)です。

→次ページに続きます。

❸ ２つの文を１つの文にまとめよう。

(1) I have a cat. It likes milk.

→I have a cat (**that [which]**) likes milk.

(2) This is a computer. It is used by the students.

→This is a computer the (**students**) (**use**) .

❹ ほぼ同じ意味を表す英文に書きかえよう。

(1) The dinner made by Kumi was good.

→The dinner (**that [which]**) Kumi made was good.

(2) Mike is the boy standing there.

→Mike is the boy (**who**) (**is**) standing there.

(3) They're books written by Ken.

→They're books (**that [which]**) (**were**) written by Ken.

(4) He is the player that is loved by Ryo.

→He is the player Ryo (**loves**) .

❺ 日本語の意味を表す英文を，関係代名詞を使って書こう。

(1) 私は英語で書かれている本を数冊持っています。

I have some books that [which] are written in English.

(2) エミはピアノをじょうずにひく女の子です。

Emi is a girl who plays the piano well.

Let's Write 3 グラフや表の活用 —レポート—

教科書p.81

Today's Point 5

⑥ According to the graph, the population of India will be larger than that of China.

⑥ グラフによると，インドの人口は中国のものよりも多くなるでしょう。

解説⑥ according to... (…によると)という言い方

• according to...は，…の部分にあたる資料などにもとづいた情報であることを示す表現である。…の部分に入るのは名詞であり，〈主語＋動詞〉ではないので注意が必要である。

重要表現

教科書p.81

◆**This figure shows that ....** この図は…ことを示します。

This figure shows that country the Japanese students like the best is the United States.

(この図は日本人学生が最も好きな国がアメリカであることを示しています。)

◆**You can see that ... from the chart below.**

下の表から…ことがわかります。

You can see that 20 percent of the boys want to be a game creator in the future **from the chart below**.

(下の表から男子の20％が将来ゲームクリエイターになりたがっていることがわかります。)

Unit 6 Beyond Borders

教科書p.89 ～ p.98

Scene 1 仮定法(I wish ...)

Key Sentence 19

㉔ I wish I **could** go to school.
㉕ I wish I **had** pens and notebooks.

㉔ 学校へ行くことができればいいのになあ。
㉕ ペンやノートを持っていればいいのになあ。

解説㉔㉕ 仮定法〈I wish ...〉：「…であればよいのに」という言い方

- 現実とは異なる願望を表すときは，〈**wish (that)＋主語＋(助)動詞**〉の形を使う。

I wish (that) I **could** go to school.
(that) 省略可能　could 助動詞

- wish(that)のあとの動詞や助動詞は，現在の願望であっても過去形になる。

I wish I **had** pens and notebooks.
had 動詞haveの過去形

- be動詞のときは主語に関係なく，**were**が使われることが多い。

I wish she **were** with me.
(彼女がここにいればいいのになあ。)

重要表現

教科書p.91

◆**this way**　このように

Children in some parts of the world feel **this way**.
(世界の一部の子供たちはこのように感じています。)

Key Sentenceチェック

★Key Sentenceの用例をたくさん覚えよう。

□1. **I wish** I **could** speak many languages.
私が多くの言語を話せればいいのになあ。

□2. **I wish** I **could** fly like a bird.
鳥のように空を飛べればいいのになあ。

□3. **I wish** I **could** buy that guitar.
あのギターが買えればいいのになあ。

□4. **I wish** I **could** meet you today too.
今日もあなたに会えればいいのになあ。

□5. **I wish** I **could** use this computer.
このコンピュータが使えればいいのになあ。

□6. **I wish** I **had** a car.
車があればいいのになあ。

□7. **I wish** I **had** more time to play.
私が遊ぶための時間をもっと持てればいいのになあ。

□8. **I wish** there **were** no hungry children.
おなかがすいた子供たちがいなければいいのになあ。

□9. **I wish** I **lived** in a bigger house.
私がもっと大きい家に住んでいればいいのになあ。

□10. **I wish** Superman **were** with me.
スーパーマンが私といっしょにいればいいのになあ。

Scene 2 仮定法（If＋主語＋were ..., ～.）

Key Sentence 20

㉖ If I **were** you, I **would** ask my friends for help.

㉖ もし私があなたなら，友達に助けを求めるでしょう。

解説㉖ 仮定法〈If＋主語＋were ..., ～.〉：「…なら～だろう（に）。」という言い方

- 現実と異なることを仮定して言うとき（p.78, p.79の〈 I wish ... 〉と異なり，必ずしも願望のみを表すとは限らない。）は，現在のことであっても過去形を使い，〈**If＋主語＋be動詞の過去形（were）**〉の形になる。
  後半の文（上記のコンマ以降の部分）は，〈主語＋助動詞の過去形＋動詞の原形〉となる。

動詞の原形
If I were you, I would ask my friends for help.
be動詞の過去形were　助動詞willの過去形

重要表現 ·· 教科書p.92

◆**so far**　今まで（は），これまで（は）

So far, more than 200,000 backpacks have been sent.
（今まで20万をこえるバックパックが送られています。）

Key Sentenceチェック

★Key Sentenceの用例をたくさん覚えよう。

□1. If I **were** a Japanese student, I **would** send my old backpack.
もし私が日本人の生徒なら，私の古いバックパックを送るでしょう。

□2. If I **were** rich, I **would** donate more money.
もし私がお金持ちなら，私はもっと多くのお金を寄付するでしょう。

□3. If it **were** sunny today, we **would** clean the park.
もし今日が晴れなら，私たちは公園の掃除をするでしょう。

□4. If it **were** Sunday tomorrow, I **could** keep reading this book.
もし明日が日曜日なら，私はこの本を読み続けられるでしょう。

□5. If she **were** kind, she **would** help my mother now.
もし彼女が親切なら，彼女は私の母を今助けてくれるでしょう。

□6. If I **were** you, I **would** not do so.
もし私があなたなら，私はそうはしないでしょう。

□7. If I **were** the bird, I **would** fly to you.
もし私が鳥なら，私はあなたのもとに飛んでいくでしょう。

□8. If I **were** young again, I **would** go abroad.
もし私が若返れるなら，私は海外へ行くでしょう。

Read and Think 1, 2　仮定法（If＋主語＋動詞の過去形, ...）

Key Sentence 21

㉗　If I **had** a school backpack, I **would** donate it.

㉗　もし私がランドセルを持っていたら，寄付するでしょう。

解説㉗　仮定法〈If＋主語＋動詞の過去形 ..., ～.〉：「…なら～だろう（に）。」という言い方

- if 節内の一般動詞や助動詞も，現在のことでも過去形になる。

［If I **had** a school backpack］, I **would** donate it.
if節　助動詞haveの過去形had

［If I **could** speak French］, I **would** live in Paris.
if節　助動詞canの過去形could

（もし私がフランス語を話せれば，パリに住んでいるでしょう。）

重要表現 ……………………………………………教科書p.94

◆**encourage ... to ～**　…に～するよう促《うなが》す

It also **encourages** their parents **to** send their sons and daughters to school.

（そのことはまた，彼らの親たちに彼らの息子や娘たちを学校に送り出すよう促します。）

◆**most of ...**　…の大部分

Most of the backpacks come with pens and notebooks.

（バックパックの大部分はペンやノートといっしょに届きます。）

◆**be ready for ...**　…の用意ができている

So students will **be ready for** school.

（だから生徒たちは学校の用意ができているでしょう。）

◆**in the open air**　屋外で

In areas with no school buildings, children can use the backpacks as desks **in the open air**.
(学校の建物のない地域においては,子供たちは屋外でバックパックを机として使うことができます。)

Key Sentenceチェック

★Key Sentenceの用例をたくさん覚えよう。

□1. If I **had** a time machine, I **would** go back to the *Heian* period.
もし私がタイムマシンを持っていれば，平安時代に戻っているだろうに。

□2. If I **had** a lot of money, I **wouldn't** have to wait in line such a long time.
もし私がお金をたくさん持っていれば，こんなに長い時間1列に並んで待たなくてもいいだろうに。

□3. If I **could** live with cats, I **would** be happier than now.
もし私がネコと暮らせていれば,今よりもっと幸せだろうに。

□4. If my grandparents **lived** in Kanazawa, we **could** eat more delicious rice.
もし私の祖父母が金沢に住んでいれば，私たちはもっとおいしいお米を食べられるだろうに。

□5. If I **loved** rabbits, my room **would** be full of the character goods.
もし私がウサギを愛していれば，私の部屋は(ウサギの)キャラクターグッズでいっぱいだろうに。

□6. If I **had** enough time and money, I **would** travel around the world.
もし私に十分な時間とお金があれば，私は世界中を旅行するでしょう。

□7. If I **knew** his number, I **would** call his.
もし私が彼の電話番号を知っていれば，私は彼に電話をするでしょう。

□8. If he **could** speak English, he **would** live in America.
もし彼が英語を話せれば，彼はアメリカに住んでいるでしょう。

□9. If they **didn’t** study, they **couldn’t** read and write.
もし彼らが勉強しなければ，彼らは読み書きができないでしょう。

□10. If I **didn’t** know the news, I **wouldn’t** send him a letter.
もし私がその知らせを知らなければ，私は彼に手紙を送らないでしょう。

Read and Think 1, 2 主語を説明する関係代名詞

Key Sentence 22

㉘ Many things **that we see every day** come from overseas.

㉘ 私たちが毎日目にする多くのものは海外から来ています。

解説㉘ 主語を説明する関係代名詞

- 主語に説明を加える場合，主語と動詞の間に関係代名詞の節が入り込む形になる。

Many things 〔**that we see every day**〕 come from overseas.

主語　関係代名詞thatの節　動詞

重要表現 教科書p.95

◆**depend on ...**　…に頼る

Japan **depends on** foreign trade for its survival.

（日本はその存続のために外国の貿易に頼っています。）

Key Sentenceチェック

★Key Sentenceの用例をたくさん覚えよう。

□1. The guitar **that [which] I bought yesterday** is very expensive.

昨日私が買ったギターは非常に高価です。

□2. The man **who always takes his dog** asked me how to get to the station.

いつもイヌを連れている男性が私に駅への行き方をたずねてきました。

□3. The volunteer group **that [which] I donate every year** sent me a magazine.
毎年私が寄付をしているボランティア団体が，私に１冊の雑誌を送ってくれました。

□4. The magazine **that [which] the volunteer group sent me** has many pictures of tigers.
ボランティア団体が私に送ってきた雑誌には，多くのトラの写真がのっています。

□5. The cat **that [which] I often saw in the street** took another one a week ago.
私が通りでよく見かけるネコが，１週間前に別のネコを連れていました。

□6. The bird **that [which] left my house a month ago** came back to me.
１か月前に私の家を出て行った鳥が，私のもとに戻って来ました。

□7. The rabbit **that [which] has red eyes** is very cute.
赤い眼をしたそのウサギはとてもかわいいです。

□8. The elementary school **that [which] we graduated three years ago** has nothing changed.
私たちが３年前に卒業した小学校は何も変わっていません。

□9. Many of the foods **that [which] we eat every day** also come from overseas.
私たちが毎日食べる多くの食べ物もまた，海外から来ています。

これが出る! 定期テスト対策

教科書p.89 ~ p.98

1 日本文に合うように，(　　　)内に適当な英語を入れよう。

(1) もっと英語が話せればいいのになあ。

I (**wish**) I (**could**) (**speak**) English more.

(2) 私が鳥ならいいのになあ。

I (**wish**) I (**were**) a bird.

(3) もし私が鳥なら，空を飛べるでしょう。

If I (**were**) a bird, I (**could**) (**fly**) in the sky.

(4) もし彼がスキーのしかたを知っていれば，もっと雪を楽しめるでしょう。

If he (**knew**) how to ski, he (**could**) enjoy snow more.

(5) 去年ギターをひき始めたその女性はすばらしいギタリストになりました。

The woman (**who**) (**began [started]**) (**to**) (**play**) the guitar last year became a great guitar player.

(6) あなたが私にくれたプレゼントは私を幸せにしてくれました。

The present (**that [which]**) (**you**) (**gave**) (**me**) made me happy.

2 英文の意味を表す日本語を完成させよう。

(1) I wish I could change the rules.

私に規則を(変えることができればいいのになあ)。

(2) If it weren't rainy now, I would play soccer outside.

(もし今雨でなければ，外でサッカーをするのになあ)。

→次ページに続きます。

(3) The shaved ice with strawberry sauce which my mother made for me is delicious.

(母が私のために作ってくれた)イチゴソースのかかったかき氷はとてもおいしいです。

3 日本語に合うように，(　　　)内から適する語句を選ぼう。

(1) もっとたくさんのくつを持っていればいいのになあ。

I wish I (have, had, having) shoes a lot more.

(2) もし私が数学を好きなら，もっと難しい問題にも答えられるでしょう。

If I (like, liked) math, I (will, would, can, could) answer more difficult questions.

(3) もし私がネコなら，もう少し自由に生きるかもしれません。

If I (am, were) a cat, I (may, might) live a little more freely.

4 日本文に合うように，( )内の語を並べかえよう。

(1) 宿題がたくさんあったその少女は家に帰りました。

The girl (had / lot / of / who / homework / a) went home.

The girl **who had a lot of homework** went home.

(2) 英語で書かれているその本は避難所で読まれています。

The book (read / in / English / in / which / written / is / is) the shelter.

The book **which is written in English is read in** the shelter.

5 日本語の意味を表す英文を書こう。

(1) もし私がニューヨークに住んでいたら，自由の女神の像(the Statue of Liberty)を週末ごとに訪れるでしょう。

If I lived in New York, I would visit the Statue of Liberty on weekends.

(2) もし両親が私にラケットを買ってくれたら，私は毎日テニスの練習をするでしょう。

If my parents bought me a racket [bought a racket for me], I would practice tennis every day.

6 日本語の意味を表す英文を，関係代名詞を使って書こう。

(1) 去年オープンした新しい劇場はたいへん人気があります。

The new theater that [which] opened last year is very popular.

(2) 昨日私の母が助けた女性は私たちの英語の先生です。

The woman that my mother helped yesterday is our English teacher.

Let's Talk 3 食品の選択 —賛成する・反対する— 教科書p.99

Today's Point 6

7 I see your point, but we need to save money, too.

7 あなたの言おうとしていることはわかりますが，お金を節約することも必要です。

解説⑦ 相手の意見を受けて自分の主張を述べるときの言い方

賛成する表現

I agree with .... (…に賛成です。) / **I think so, too.** (私もそう思います。) / **I also think that ....** (私も…と思います。)

反対する表現

I see what you mean, but .... (あなたの言いたいことはわかりますが，…。) / **I see your point, but ....** (あなたの言おうとしていることはわかりますが，…。)/ **You may be right, but ....** (あなたは正しいかもしれませんが，…。)/ **I disagree with ....** (…に反対です。)/ **I don't think so.** (私はそう思いません。) / **I don't think that ....** (私は…とは思いません。)/ **I'm not sure about that.** (それについてはよくわかりません。)

理由を述べる表現

I think it's better to buy ... because ～ . (～なので…を買ったほうがいいと思います。)

重要表現 ……………………………………………教科書p.99

◆**in season** (食べ物が)旬《しゅん》で

◆**agree with ...** …に賛成する

これが出る！ 定期テスト対策

教科書p.99

1 日本文に合うように，(　　　)内に適当な英語を入れよう。

A：輸入野菜はしばしば国産野菜よりも安いので，輸入野菜を買うほうがいいと私は思います。

I think it's (**better**) to buy imported vegetables (**because**) they are often cheaper than domestic vegetables.

B：私もそう思います。

もし海外から野菜を輸入しなければ，私たちはより幅広いさまざまな野菜を楽しめなくなるだろうとも思います。

I (**think**) (**so**) , (**too**) .

I (**also**) think that if we didn't import vegetables from overseas, we couldn't enjoy a wider variety of vegetables.

C：私はそれについてはよくわかりません。

国産野菜のバラエティは増え続けています。

I'm (**not**) (**sure**) about that.

The variety of domestic vegetables is growing.

D：私はあなたに賛成です。

それから，野菜を輸送することは環境によくないと私は思います。

I (**agree**) (**with**) you.

And, I (**think**) transporting vegetables is not good for the environment.

■入試メモ■　入試に役立つ基本連語表現

連語・構文	意味	用例
more than ...	…より多くの	He has more than 50 books.
because of ...	…のために，…が理由で	I couldn't go out because of snow.
get on ... get off ...	…に乗る …を降りる	Where should I get off?
take care of ...	…をだいじにする， …の世話をする	He takes good care of his dog.
have never been to ...	…に行ったことが一度もない	I have never been to foreign countries.
be good at ...ing	…することが得意だ	She is good at dancing.
go ...ing	…しに行く	Let's go skiing.
look forward to ...ing	…することを楽しみにする	I'm looking forward to seeing you again.
ask ... a favor	…にお願いをする	May I ask you a favor?
call ... back	…に電話をかけ直す	I'll call you back later.
take ... to ～	…を～に連れていく[持っていく]	I took her to the zoo.
make ... into ～	…を～につくりかえる	Cacao beans are made into chocolate.
help ... with ～	…を～の面で手伝う	I helped Ken with his homework.
比較級+ than any other ...	どの…よりも～だ	He is taller than any other boy in my school.
感情を表す形容詞+ to ...	…して[できて]～だ	I'm surprised to hear that.
I'm sure that ...	…だと確信している	I'm sure that you will win the game.
Why don't we ...?	(いっしょに)…しませんか。	Why don't we go to a movie?
How can I get to ... ?	どうやって…へ行けますか。	How can I get to the station?
Would you like to ... ?	…したいですか。	Would you like to drink something?
May[Can] I speak to ...?	【電話】…さんをお願いしたいのですが。	May I speak to Mary, please?
so ... that ～	とても…なので～だ	I'm so busy that I can't go with you.
too ... to ～	あまりに…なので～できない	I'm too busy to go with you.

入試対策

基本文・基本表現

1～3年の復習

1～3年の基本文と基本表現をもう1度確認しよう。NEW HORIZON English Courseで習う英語のエッセンスがぎっしりと詰まっているよ。苦手なところが見つかったら，すぐに復習しておこう。

入試対策 1～3年のKey Sentence

❶ be動詞（現在形，過去形）

□私はメグ・ブラウンです。	I am Meg Brown.
□あなたはシドニー出身ですか。	Are you from Sydney?
―― はい，そうです。	―― Yes, I am.
いいえ，ちがいます。	No, I am not.
□こちらはカイトです。	This is Kaito.
□あれは魚《うお》市《いち》場《ば》ですか。	Is that a fish market?
―― はい，そうです。	―― Yes, it is.
いいえ，ちがいます。	No, it is not.
□あなたは前回の試合で先発メンバーでしたか。	Were you a starter in the last game?
―― はい，そうでした。	―― Yes, I was.
いいえ，そうではありませんでした。	No, I was not.

★日本文に合うように，（　）に適する語を書こう。

(1) 私は音楽家です。　(**I**) (**am**) a musician.

(2) あなたは芸術に興味がありますか。―― はい，あります。

(**Are**) (**you**) interested in art? ―― Yes, (**I**) (**am**) .

(3) これは伝統的なデザインです。

(**This**) (**is**) a traditional design.

(4) あなたと私はよいテニス選手です。

You and I (**are**) good tennis players.

(5) 彼女は25歳です。　(**She's**) 25 years old.

(6) 私はアメリカ合衆国出身ではありません。

(**I'm**) (**not**) from the United States of America.

(7) その歌は有名ではありません。

The song (**isn't**) (**famous**) .

(8) 彼はあなたの同級生ですか。―― はい，そうです。

(**Is**) (**he**) your classmate? ―― Yes, (**he**) (**is**) .

⑼　あれらはあなたの本ですか。
—— いいえ，ちがいます。それらは父のものです。
(**Are**) those your books?
—— No, (**they**)(**are**) not. (**They're**) my father's.

⑽　昨日，東京は晴れていました。
(**It**)(**was**) sunny in Tokyo yesterday.

⑾　その映画はおもしろくありませんでした。
The movie (**was**)(**not**) interesting.

⑿　あなたのお姉さんは5年前，先生でしたか。
—— いいえ，ちがいました。学生でした。
(**Was**) your sister a teacher five years (**ago**) ?
—— No, (**she**)(**was**)(**not**) . She (**was**) a student.

⒀　あなたたちは2時間前，図書館にいましたか。
—— はい，いました。
(**Were**)(**you**) in the library two hours (**ago**) ?
—— Yes, (**we**)(**were**) .

❷　一般動詞（現在形）

□私は日本食が好きです。	I like Japanese food.
□あなたはクリケットをしますか。	Do you play cricket?
—— はい，します。 いいえ，しません。私はクリケットをしません。	—— Yes, I do. No, I do not. I do not play cricket.
□タクヤはセブ島に住んでいます。	Takuya lives in Cebu.
□タクヤはブログを書きません。	Takuya does not write a blog.
□タクヤはフィリピン料理が好きですか。	Does Takuya like Filipino food?
—— はい，好きです。 いいえ，好きではありません。	—— Yes, he does. No, he does not.

★日本文に合うように，(　)に適する語を書こう。

⑴　私は毎週日曜日は8時に起きます。

I (**get**)(**up**) at eight every Sunday.

⑵　あなたはスポーツが好きですか。 ── はい，好きです。

(**Do**) you (**like**) sports? ── Yes, I (**do**) .

⑶　私はコンピュータについてあまり知りません。

I (**do**)(**not**)(**know**) much about computers.

⑷　ヤマダ先生は私たちに数学を教えています。

Mr. Yamada (**teaches**) us math.

⑸　ルミはイヌを飼っていますか。── いいえ，飼っていません。

(**Does**) Rumi (**have**) a dog? ── No, she (**does**)(**not**) .

③　一般動詞(過去形)

□私は昨日夏祭りに行きました。	I **went** to the summer festival yesterday.
□私は先週の日曜日に博物館を訪れました。	I visit**ed** the museum last Sunday.
□私はその夜花火を見ました。	I **saw** fireworks that night.
□あなたは昨日，早く起きましたか。 ── はい，起きました。 いいえ，起きませんでした。	**Did** you get up early yesterday? ── Yes, I **did**. No, I **did not**.

★日本文に合うように，(　)に適する語を書こう。

⑴　あなたは3年前，京都に住んでいましたか。

── いいえ，住んでいませんでした。神戸に住んでいました。

(**Did**) you (**live**)(**in**) Kyoto three years (**ago**) ?

── No, I (**did**)(**not**) . I (**lived**)(**in**) Kobe.

⑵　ケンジは昨夜，音楽を聞きませんでした。

Kenji (**didn't**)(**listen**)(**to**) music last night.

❹ 進行形

□私は今テレビを見ています。	I am watching TV now.
□あなたは写真を撮っているのですか。 ── はい，そうです。 いいえ，ちがいます。	Are you taking a picture? ── Yes, I am. No, I am not.
□あなたは何をしていますか。 ── 私は誕生日カードを書いています。	What are you doing? ── I am writing a birthday card.
□私はそのときサッカーをしていました。	I was playing soccer then.

★日本文に合うように，(　)に適する語を書こう。

(1) 彼は今，川沿いを走っています。

He (is) (running) along the river now.

(2) 彼女はテニスをしているのですか。─ いいえ，していません。

(Is) she (playing) tennis? ── No, she (is) (not) .

(3) あなたのお兄さんたちは今，何をしているのですか。

── 彼らはテレビを見ています。

(What) (are) your brothers (doing) now?

── (They're) (watching) TV.

(4) そのとき彼女はレポートを書いていました。

She (was) (writing) a report (then) .

(5) そのとき彼らは教室をそうじしていました。

They (were) (cleaning) the classroom (then) .

(6) タクヤは部屋で眠っていましたか。

── はい，眠っていました。

(Was) Takuya (sleeping) in his room?

── Yes, he (was) .

(7) 私たちはそのとき空手を練習していませんでした。

We (were) (not) (practicing) karate (then) .

(8) 私が電話をしたとき，あなたは何を勉強していましたか。

―― 私は英語を勉強していました。

(**What**)(**were**) you (**studying**) when I called you?

―― I (**was**)(**studying**) English.

⑤ 名詞，冠詞《かんし》 a ,the

□あれは魚市場《うおいちば》ですか。	Is that a fish market?
□それは「学校」の記号です。	It is the symbol for “school.”
□私は２本のラケットを持っています。	I have two rackets.

★日本文に合うように，(　)に適する語を書こう。

(1) 私は１匹のネコを見ました。私はそのネコが好きです。

I saw (**a [one]**) cat. I like (**the**) cat.

(2) 私はリンゴが好きです。　I like (**apples**) .

(3) 日本を訪れる観光客の数は増えています。

(**The**) number of tourists visiting Japan is growing.

⑥ 代名詞

□彼は１年B組です。 彼は１年A組ではありません。	He is in class 1B. He is not in class 1A.
□彼女は私たちの先生です。	She is our teacher.
□彼女はオーストラリア出身ではありません。	She is not from Australia.
□あなたは彼を知っていますか。 あなたは彼女を知っていますか。	Do you know him? Do you know her?
□それは私のものです。	It is mine.

★次の〔　〕内の語句を適する形にかえて書こう。

(1) Do you know (**his**) name? 〔he〕

(2) Is this dictionary (**yours**)? 〔you〕

(3) My sister doesn’t like (**them**) .〔they〕

(4) Are (**these**) Kaito's T-shirts? 〔this〕

(5) Can I have (**your**) phone number? 〔you〕

⑦ 接続詞

□私はテレビを見るとき，たくさんの興味深い料理を見ます。	**When** I watch TV, I see many interesting dishes.
□もし時間があれば，私たちは行くことができます。	**If** you have time, we can go.
□私はカレーはインドから日本に来たと思います。	I **think (that)** curry came to Japan from India.
□私は生魚が好きではないので，すしを食べません。	I do not eat sushi **because** I do not like raw fish.
□私はこれらの考えが，多くの人々を助けると確信しています。	I **am sure that** these ideas help many people.
□アスリートたちはどんなことも可能だと私たちに示してくれます。	Athletes show us **that** anything is possible.

★日本文に合うように，(　)内の語句を並べかえよう。

(1) もし興味があれば，私たちのサイトを訪れてください。

Please (if / are / our website / interested / you / visit) .

Please **visit our website if you are interested** .

(2) 彼らはあれらの花を見たとき，幸せでしたか。

Were they happy (they / those / saw / when / flowers) ?

Were they happy **when they saw those flowers** ?

(3) あなたはそれをやってみるべきだと，私は思います。

(try / that / you / I / should / think) to do it.

I think that you should try to do it.

(4) それは簡潔ではないので，私はそのルールに反対です。

(the rule / against / am / because / I) it's not simple.

I am against the rule because it's not simple.

⑧ 未来表現

□私は来週シンガポールを訪れるつもりです。	I **am going to** visit Singapore next week.
□あなたは来週シンガポールを訪れるつもりですか。 —— はい，そのつもりです。 いいえ，そうではありません。	**Are** you **going to** visit Singapore next week? —— Yes, I **am**. No, I **am not**.
□私が予約をしましょう。	I **will** make a reservation.

★日本文に合うように，（　）に適する語を書こう。

(1) 私は作家になるつもりです。

I'm (**going**) (**to**) (**be [become]**) a writer.

(2) ケンタはそのチームに加わらないつもりです。

Kenta (**isn't**) (**going**) (**to**) (**join**) the team.

(3) あなたは明日このコンピュータを使うつもりですか。

—— はい，使うつもりです。

(**Are**) you (**going**) to (**use**) this computer tomorrow?

—— Yes, I (**am**) .

(4) 彼は明日の夜，夕食を作るでしょう。

(**He'll**) (**make**) dinner tomorrow night.

(5) 来週，母は忙しくないでしょう。

My mother (**will**) (**not**) (**be**) busy next week.

(6) あなたは明日，雨が降ると思いますか。

Do you think it's (**going**) (**to**) rain tomorrow?

(7) あなたは今度の日曜日にどこへ行くつもりですか。

—— 海へ行きます。

Where (**will**) you go next Sunday?

—— (**I'll**) go to the sea.

(8) 彼女は来年，15歳になりますか。

—— いいえ，なりません。

(**Will**) she (**be**) fifteen next year?

—— No, she (**will**) (**not**) .

⑨ 助動詞

□私はひらがなを読むことができます。	I **can** read *hiragana*.
□私は漢字を読むことができません。	I **cannot** read kanji.
□あなたは漢字を読むことができますか。 —— はい，読めます。 いいえ，読めません。	**Can** you read kanji? —— Yes, I **can**. No, I **cannot**.
□あなたは英語を話さなければなりません。	You **have to** speak English.
□あなたは完璧な英語を話さなくてもよいです。	You **do not have to** speak perfect English.
□あなたは早く家に帰らなければなりません。	You **must** come home early.
□あなたはひとりで外に出てはいけません。	You **must not** go out alone.

★日本文に合うように，(　)に適する語を書こう。

(1) 姉はフィリピン語を教えることができます。

My sister (**can**) (**teach**) Filipino.

(2) 私は夕食前に宿題を終わらせることができません。

I (**cannot**) (**finish**) my homework before dinner.

(3) 彼はひとりでその問題を解決することができますか。

—— はい，できます。

(**Can**) (**he**) (**solve**) the problem alone?

—— Yes, (**he**) (**can**) .

(4) あなたはこれらの箱をチェックしなければなりません。

You (**have**) (**to**) (**check**) these boxes.

(5) 私はここで彼を待たなければなりませんか。

(**Do**) I (**have**)(**to**)(**wait**) for him here?

(6) リョウはここに来なくてもよいです。

Ryo (**doesn't**)(**have**)(**to**)(**come**) here.

(7) 私たちは年配の方々に親切にしなければなりません。

We (**must**)(**be**) kind to old people.

(8) すぐに彼に折り返し電話をしなければなりませんか。

―― はい，しなければなりません。

―― いいえ，しなくてもよいです。

(**Must**) I call him back soon?

―― Yes, you (**must**) .

―― No, you (**don't**)(**have**)(**to**) .

(9) 友達からお金を借りてはいけません。

You (**must**)(**not**) borrow money from your friends.

(10) 「アヤはお母さんを手伝うべきだ。」と私は言いました。

I said, "Aya (**should**)(**help**) your mother."

⑩ 形容詞

□私はおどることが得意です。	I am good at **dancing**.
□子供たちは幸せそうに見えます。	The children **look** happy.
□スポーツをすることは私を幸せにします。	Playing sports **makes** me happy.

★日本文に合うように，(　)に適する語を書こう。

(1) 駅まで連れて行ってくれるなんてあなたは親切ですね。

It's (**kind**) of you to take me to the station.

(2) 急がないと学校に遅れますよ。

Hurry up, or you'll (**be**)(**late**) for school.

(3) そのニュースで彼らは悲しくなりました。

The news made them (**sad**).

⑪ 比較表現

□この映画はあの映画よりも古いです。	This movie is old**er than** that one.
□この映画は３本の中でいちばん古いです。	This movie is **the** old**est** of the three.
□この映画はあの映画よりもおもしろいです。	This movie is **more** interesting **than** that one.
□この映画は今年いちばんおもしろいです。	This movie is **the most** interesting this year.
□私は全ての中でアニメ映画がいちばん好きです。	I like animated movies **the best** of all.
□この映画はあの映画と同じくらい人気があります。	This movie is **as** popular **as** that one.

★次の英文を〔　〕内の指示に従って書きかえよう。

(1) I'm young. 〔than Janeを加えて比較級の文に〕

→I'm (**younger**) than Jane.

(2) Your dog is big. 〔than mineを加えて比較級の文に〕

→Your dog is (**bigger**) than mine.

(3) That book is difficult.〔than this oneを加えて比較級の文に〕

→That book is (**more**)(**difficult**) than this one.

(4) This mountain is high. 〔in Japanを加えて最上級の文に〕

→This mountain is (**the**)(**highest**) in Japan.

(5) That song was wonderful.〔of allを加えて最上級の文に〕

→That song was (**the**)(**most**)(**wonderful**) of all.

(6) Her report is better than mine. 〔ほぼ同じ意味の文に〕

→My report isn't (**as**)(**good**)(**as**) hers.

(7) Ken's bike isn't as new as yours. 〔ほぼ同じ意味の文に〕

→Your bike is (**newer**)(**than**) Ken's.

(8) Miki can't run as fast as Yuka. 〔ほぼ同じ意味の文に〕

→Yuka can run (**faster**)(**than**) Miki.

(9) This news isn't as important as that one.

〔ほぼ同じ意味の文に〕

→That news is (**more**)(**important**) than this one.

⑫ 不定詞

□私は試合に勝ちたいです。	I **want to** win the game.
□私はよいサッカー選手になりたいです。	I **want to** be a good soccer player.
□彼女は困っている人々を助けたいと思っています。	She wants **to help** people in need.
□あなたは何をしたいですか。	**What do you want to** do?
□私たちはたくさんのことをするためにコンピュータを使います。	We use computers **to do** many things.
□私はこれを見て驚いています。	I am surprised **to see** this.
□翻訳すべきものはいろいろあります。	We have various things **to translate**.
□人工知能を効果的に使うことが重要です。	It is important **to use** AI effectively.
□私はこれらの製品の使い方を知っています。	I know **how to use** these products.
□私はこれらの製品の使い方をあなたに見せることができます。	I can **show** you **how to use** these products.
□私たちが問題を理解することが重要です。	**It** is important **for us to understand** the problem.
□私は全ての人にこの事実を知ってほしいです。	I **want** everyone **to know** this fact.
□一例をあげさせてください。	**Let** us **give** you one example.
□人々はトキが安全に生きる手助けをしました。	People **helped** *toki* **live** safely.

★日本文に合うように，(　)に適する語を書こう。

(1) 彼女は写真をとるためにカナダへ行きました。

She went to Canada (**to**)(**take**) pictures.

(2) あなたは英語をじょうずに話したいですか。

Do you (**want**)(**to**)(**speak**) English well?

(3) 京都には訪れるべき場所がたくさんあります。

There are lots of places (**to**)(**visit**) in Kyoto.

(4) 私は新しいラケットを手に入れてうれしいです。

I'm (**glad [happy]**)(**to**) get a new racket.

(5) ケンは何を選ぶべきかわかりませんでした。

Ken didn't know (**what**)(**to**) choose.

(6) そのテーブルを作るのは彼にとって簡単です。

(**It**) is easy (**for**)(**him**)(**to**)(**make**) the table.

(7) 彼女は私にピアノをひいてほしがっていました。

She (**wanted**)(**me**)(**to**)(**play**) the piano.

⑬ 動名詞

□私はおどることが好きです。	I like **dancing**.
□私はおどることが得意です。	I am good at **dancing**.
□私は浴室を使い終わりました。	I finished **using** the bathroom.
□ゲームをするのは楽しかったです。	**Playing** games was fun.

★日本文に合うように，(　)に適する語を書こう。

(1) あなたたちは相撲を見るのを楽しむでしょう。

You will (**enjoy**)(**watching**) *sumo*.

(2) 彼らは話をやめました。

They (**stopped**)(**talking**) .

(3) 私は彼と会ったことを忘れてしまいました。

I (**forgot**)(**meeting**) him.

(4) 英語の本を読むのは私にとって大変です。

(**Reading**) English books (**is**) difficult for (**me**) .

⑭ 受け身

□この場所は世界遺産に選ばれています。	This place **is selected** as a World Heritage site.
□その山々は自然遺産の地域として登録されていますか。 —— はい，そうです。 いいえ，そうではありません。	**Are** the mountains listed as a natural heritage site? —— Yes, they are. No, they are not.
□その市にはあまりにも多くの観光客が訪れています。	The city **is visited by** too many tourists.
□富《ふ》士《じ》山《さん》はいろいろな角度から見られます。	Mt. Fuji **can be seen** from different angles.

★次の英文を受け身の文に書きかえよう。

(1) All the students like the player.

→The player (**is**)(**liked**)(**by**) all the students.

(2) Becky will invite you.

→You (**will**)(**be**)(**invited**) by Becky.

(3) Do you use Japanese in your country? —— No, we don't.

→(**Is**) Japanese (**used**) in your country?

—— No, (**it**)(**is**)(**not**) .

(4) Did Ann write these books? —— Yes, she did.

→(**Were**) these books (**written**) by Ann?

—— Yes, (**they**)(**were**) .

(5) The man didn't lead the movement.

→The movement (**was**)(**not**)(**led**) by the man.

⑮ 現在完了形・現在完了進行形

□私は車いすテニスを一度見たことがあります。	I **have seen** wheelchair tennis once.
□ジョシュは車いすテニスを何度も見たことがあります。	Josh **has seen** wheelchair tennis many times.
□アサミは車いすテニスを一度も見たことがありません。	Asami **has never seen** wheelchair tennis.
□あなたはこれまでにパラリンピックを見たことがありますか。 ―― はい，あります。 いいえ，ありません。私は一度も見たことがありません。	**Have** you **ever seen** the Paralympic Games? ―― Yes, I **have**. No, I **have not**. I **have** never **seen** them.
□私はちょうど宿題を終えたところです。	I **have** just **finished** my homework.
□あなたはもう宿題を終えましたか。 ―― はい。私はすでにそれを終えました。	**Have** you **finished** your homework yet? ―― Yes, I **have**. I **have** already **finished** it.
□私は５年間ずっと日本に住んでいます。	I **have lived** in Japan for five years.
□あなたはどのくらい長く日本に住んでいますか。 ―― ５年間です。	**How long have** you **lived** in Japan? ―― **For** five years.
□私は午前10時からずっと本を読んでいます。	I **have been** reading a book since 10 a.m.

★日本文に合うように，（　）に適する語を書こう。

(1)　私は2000年以来ずっと福岡に住んでいます。

(**I've**) (**lived**) (**in**) Fukuoka (**since**) 2000.

(2)　サヤカは1週間ずっと忙しいですか。

(**Has**) Sayaka (**been**) busy (**for**) a week?

(3)　あなたはどれくらいの間，おどっていますか。―― 6時からです。

(**How**) (**long**) (**have**) you (**danced**) ? ―― (**Since**) six.

⑷ 私たちはその出来事について以前に聞いたことがあります。

We (**have**)(**heard**) of the event before.

⑸ あなたは今までコアラを見たことがありますか。

—— いいえ，ありません。

(**Have**) you (**ever**)(**seen**) a koala?

—— No, I (**have**) not.

⑹ 私は一度もロンドンへ行ったことがありません。

I (**have**)(**never**)(**been**) to London.

⑺ 彼女はちょうど夕食を食べたところです。

She (**has**)(**just**)(**eaten [had]**) dinner.

⑻ 彼らはまだ仕事が終わっていません。

They (**have**)(**not**)(**finished**) the work (**yet**) .

⑼ あなたはもうこの本を読みましたか。

—— はい。私はそれをもう読みました。

(**Have**) you (**read**) this book (**yet**) ?

—— Yes. I have (**already**)(**read**) it.

⑽ 彼は2時間ずっとバイオリンの練習をしています。

He (**has**)(**been**)(**practicing**) the violin (**for**) two hours.

⑾ 先週の水曜日からずっと雨が降り続いています。

(**It's**)(**been**)(**raining**)(**since**) last Wednesday.

⑯ 後置修飾

□私たちは通り過ぎようとしている警《けい》察官《さつかん》に話しかけました。	We spoke to a police officer **passing by**.
□彼らは英語で与えられる指示に従いました。	They followed instructions **given** in English.
□これは私がインターネットで見つけた写真です。	This is **a picture I found** on the internet.

★日本文に合うように，(　　　)内の語句を並べかえよう。

(1) 姉が作ってくれた今日の朝食はごはんとみそ汁でした。

Today's breakfast (for / sister / my / was / me / made) rice and *miso* soup.

Today's breakfast **my sister made for me was** rice and *miso* soup.

(2) あの野球選手にインタビューしている女の人は有名なジャーナリストです。

The woman (journalist / player / that / famous / baseball / is / interviewing / a).

The woman **interviewing that baseball player is a famous journalist**.

(3) 私たちは10年前に建てた家に住んでいます。

We (a house / 10 years / live / built / in / ago).

We **live in a house built 10 years ago**.

⑰ 関係代名詞

□ガンディーは多くの人々に影響を与えた人です。	Gandhi is a man **who** has influenced a lot of people.
□これは人々を幸せにする映画です。	This is a movie **that [which]** makes people happy.
□これは私がインターネットで見つけた写真です。	This is a picture **that [which]** I found on the internet.
□私たちが毎日目にする多くのものは海外から来ています。	Many things **that we see every day** come from overseas.

★日本文に合うように，(　)に適する語を書こう。

(1) 机の下にいるネコは眠っています。

The cat (**which [that]**) (**is**) under the desk is sleeping.

⑵　彼女はそのイヌの世話をすることができる人をさがしています。

She's looking for the person (**who**) (**can**) (**take**) (**care**) (**of**) the dog.

⑶　彼はあなたがグラス１杯の水をさしだした医者です。

He is the doctor (**that**) (**you**) (**brought**) a glass of water.

⑷　母が作ってくれるケーキはいつもとてもおいしいです。

The cakes (**that [which]**) (**my**) (**mother**) (**makes**) (**are**) always delicious.

⑸　あれはあなたの弟がずっと行きたがっている高校ですか。

Is that the high school (**that [which]**) (**your**) (**brother**) (**has**) (**wanted**) (**to**) (**go**) ?

⑱ 疑問詞

□これは何ですか。	**What** is this?
□あちらはだれですか。	**Who** is that?
□あなたはどのように学校に来ますか。	**How** do you come to school?
□あなたは朝食に何を食べますか。	**What** do you have for breakfast?
□あなたはどこで練習しますか。	**Where** do you practice?
□緑《みどり》ホールはどこですか。	**Where** is Midori Hall?
□次のコンサートはいつですか。	**When** is the next concert?
□あなたは何本ラケットを持っていますか。	**How many** rackets do you have?
□何時ですか。	**What time** is it?
□私たちはニュージーランドでどんな動物を見ることができますか。	**What animals** can we see in New Zealand?
□彼女は英語と日本語のどちらを話しますか。	**Which** does she speak, English **or** Japanese?
□これはだれのチケットですか。	**Whose** ticket is this?

★下線部をたずねる文に書きかえて，その英文を日本語にしよう。

(1) There are DVDs in this box.

What are there in this box?

この箱の中には何がありますか。

(2) Sayaka made lunch today.

Who made lunch today?

今日はだれが昼食を作りましたか。

(3) You like winter better than summer.

Which do you like better, winter or summer?

あなたは冬と夏ではどちらが好きですか。

(4) This is Ken's bike.

Whose bike is this?

これはだれの自転車ですか。

(5) They dance on the street every day.

Where do they dance every day?

彼らは毎日どこでおどりますか。

(6) He saw my mother yesterday.

When did he see my mother?

彼はいつ私の母と会いましたか［を見ましたか］。

(7) She goes to school at seven thirty.

What time does she go to school?

彼女は何時に学校へ行きますか。

(8) Asami was happy to see her friends last Sunday.

Why was Asami happy last Sunday?

アサミはなぜこの前の日曜日うれしかったのですか。

(9) You are going to go there by bus.

How are you going to go there?

あなたはそこへどのようにして行くつもりですか。

(10) He is seventy-five years old.

How old is he?

彼は何歳ですか。

(11) This blue cup is two thousand yen.

How much is this blue cup?

この青いカップはいくらですか。

(12) She has five textbooks in her bag now.

How many textbooks does she have in her bag now?

彼女は今，何冊の教科書をかばんの中に持っていますか。

⑲ 仮定法

□学校へ行くことができればいいのになあ。	I wish I **could** go to school.
□ペンやノートを持っていればいいのになあ。	I wish I **had** pens and notebooks.
□もし私があなたなら，友達に助けを求めるでしょう。	If I **were** you, I **would** ask my friends for help.
□もし私がランドセルを持っていれば，寄付するでしょう。	If I **had** a school backpack, I **would** donate it.

★日本文に合うように，(　)に適する語を書こう。

(1) 私がウサギであればいいのに。

I (**wish**) I (**were**) a rabbit.

(2) もし私があなたなら，もっと早く起きるでしょう。

If I (**were**) you, I (**would**) get up earlier.

(3) もし彼がスキーのし方を知っていれば，もっと雪を楽しめるでしょう。

If he (**knew**) how to ski, he (**could**) enjoy snow more.

(4) もし今雨でなければ，外でサッカーできるでしょう。

If it (**weren't**) rainy now, I (**could**) play soccer outside.

(5) もう少し制服がかわいければ，私はあの高校に行くでしょう。

If that high school's uniform (**were**) a little prettier, I (**would**) go to the school.

⑳ その他

□勇気を出して。	**Be** brave.
□前に来なさい。	**Come** to the front.
□心配しないで。	**Don't** worry.
□メグはベンチのそばにいます。	Meg is **by** the bench.
□木の下のベンチを見なさい。	Look at the bench **under** the tree.
□舞台上の人々を見なさい。	Look at the people **on** the stage.
□なんてすてきなのでしょう！ なんてかわいいバッグでしょう！	**How** nice! **What** a cute bag!
□湖の近くにキャンプ場がありますか。 ── はい，あります。 いいえ，ありません。	**Is there** a campground near the lake? ── Yes, **there is.** No, **there is not.**
□屋外調理場もあります。	**There are** outdoor kitchens, too.
□私はあなたにマーライオンを見せましょう。	I will **show** you the Merlion.
□人々はそれをシンガポールフライヤーと呼びます。	People **call** it the Singapore Flyer.
□私は地域の避難所がどこにあるか知っています。	I know **where** the local shelter is.
□あなたが何をしたところかを教えてください。	Tell me **what** you have done.

★日本文に合うように，(　)に適する語を書こう。

⑴　窓を閉めなさい。

(**Close**) the window.

⑵　英語を話すことをこわがってはいけません。

(**Don't**) (**be**) afraid of speaking English.

⑶　木のそばにいるイヌを見なさい。

(**Look**) (**at**) the dog (**by**) the tree.

⑷　この近くに駅はありますか。

―― はい，あります。

―― いいえ，ありません。

(**Is**) (**there**) a station (**near**) here?

―― Yes, (**there**) (**is**) .

―― No, (**there**) (**is**) (**not**) .

⑸　彼はあなたに白いネコを見せてくれるでしょう。

(**He**) (**will**) show you his white cat.

⑹　私をヒロと呼んでください。

(**Call**) (**me**) Hiro, please.

⑺　テーブルの上にたくさんのオレンジがあります。

(**There**) (**are**) a lot of oranges (**on**) the table.

⑻　タロウがなぜそう言ったのかわかりますか。

Do you know (**why**) (**Taro**) (**said**) so?

⑼　なんてすばらしいお祭りでしょう！

(**What**) a great festival!

⑽　なんて美しいのでしょう。

(**How**) beautiful!

⑾　私に手を見せなさい。

(**Show**) (**me**) your hand.

入試対策 1～3年のToday's Pointなど

① お願い ―許可を求める・依頼する―

□扇風機《せんぷうき》をつけてもよいですか。 ―― もちろん。	Can I turn on the fan? ―― Sure.
□手伝ってくれますか。 ―― わかった。	Can you help me? ―― All right.
□１つお願いしてもよろしいですか。 ―― もちろん。	May I ask you a favor? ―― Sure.
□私たちの写真を撮ってくださいませんか。 ―― いいですよ。	Could you take our picture? ―― All right. / OK.

★次のようなとき, 英語ではどう言いますか。英文を完成させよう。

(1) 窓を開ける許可をていねいに求めるとき。

(**May**)(**I**)(**open**) the window?

(2) メニューを見せてもらいたいとき。

(**Could**)(**you**)(**show**) me a menu?

(3) 頼まれたことを引き受けるとき。

(**Sure**). / (**No**)(**problem**). / (**OK**). / (**All**)(**right**).

(4) 頼まれたことを理由をつけて断るとき。

(**Sorry**), (**but**) I'm using it.

(5) 宿題の手伝いを頼みたいとき。

(**Can**)(**you**)(**help**) me (**with**) my homework?

② 体調 ―説明する・指示する―

□どうしましたか。 ―― 頭痛がします。	What's wrong? ―― I have a headache.

★次のようなとき, 英語ではどう言いますか。英文を完成させよう。

(1) 症状をたずねるとき。

What's (**the**)(**matter**)?

⑵ 鼻水がでるとき。

I have a (**runny**)(**nose**).

⑶ 家へ帰って休むように指示するとき。

Go (**home**) and (**rest**).

⑷ 手に持っている薬を飲んでもらいたいとき。

(**Take**) this medicine.

⑸ 歯医者に行くことをすすめるとき。

Go to the (**dentist**).

③ 道案内 ―質問する・説明する―

□私は緑駅をさがしています。 ―― この道に沿って行ってください。	**I'm looking for** Midori Station. ―― **Go along this street.**
□２つめの信号を左に曲がってください。	**Turn left at** the second traffic light.
□ラッフルズ・プレイス駅への行き方を教えてくださいませんか。	**Could you tell me how to get to** Raffles Place Station?
―― 東西線に乗ってください。	―― **Take** the East West Line.

★次のようなとき, 英語ではどう言いますか。英文を完成させよう。

⑴ 図書館への道順をたずねたいとき。

① (**How**) can I (**get**) to the library?

② (**Please**)(**tell**) me the (**way**) to the library.

⑵ 周辺の地理に詳しくないと伝えたいとき。

I don't know this (**area**)(**well**).

⑶ この道に沿って行って３つめの角で左に曲がってもらいたいとき。

(**Go**)(**down [along]**) this (**street**), and (**turn**)(**left**) (**at**) the third corner.

⑷ かかる時間をたずねたいとき。

(**How**)(**long**)(**does**)(**it**)(**take**)?

⑸ どの電車に乗ればよいかたずねたいとき。

Will you tell me (**which**)(**train**)(**to**)(**take**)?

⑹ ニュートンがここからいくつめの駅かたずねたいとき。

(**How**)(**many**)(**stops**) is Newton from here?

④ レストラン —注文する—

□何になさいますか。 —— ステーキをお願いします。	What would you like? —— I'd like a steak.
□デザートはいかがですか。 —— はい，お願いします。 いいえ，結構です。	Would you like some dessert? —— Yes, please. No, thank you.

★次のようなとき，英語ではどう言いますか。英文を完成させよう。

⑴ 注文を頼み，おすすめが何であるかをたずねたいとき。

(**I'd**)(**like**) to order. What (**do**)(**you**)(**recommend**)?

⑵ マスタード抜きで注文したいとき。

(**Can [Could]**) I (**have**) it (**without**) mustard?

⑶ パンのおかわりをもらいたいとき。

(**Can [Could]**) I (**have**)(**some**)(**more**) bread?

⑷ あなたが店員だとして，飲み物を食事といっしょに持って来るべきかどうかたずねたいとき。

(**Would**)(**you**)(**like**) your drink (**with**) your meal (**or**)(**after**)?

⑤ トラブル —苦情を言う・謝る—

□私の部屋に問題があります。 I have a problem with my room.
エアコンが故障しています。 The air conditioner doesn't work.
—— 問題をおわびいたします。 —— I apologize for the trouble.

★次のようなとき, 英語ではどう言いますか。英文を完成させよう。

(1) となりの部屋がうるさいとき。

The people next door (**are**)(**too**)(**noisy**).

(2) 問題に対応してもらいたいとき。

(**Could**)(**you**)(**take**)(**care**)(**of**) it, please?

(3) もう1つガラスのコップがほしいとき。

(**Could**)(**I**)(**have**)(**another**) glass, please?

(4) 相手を待たせていることをわびるとき。

Please (**forgive**) the (**delay**).

(5) 相手に不便をかけていることをわびるとき。

We (**regret**) the (**inconvenience**).

⑥ 買い物 —申し出る—

□もう少し大きいものを出しましょうか。 Shall I show you a bigger one?
—— はい，お願いします。 —— Yes, please.

★次のようなとき, 英語ではどう言いますか。英文を完成させよう。

(1) 試着してもよいかたずねるとき。

(**Can**) I (**try**) this (**on**)?

(2) もう少し安いものがあるかたずねるとき。

Do you (**have**)(**anything**)(**a**)(**little**)(**cheaper**)?

(3) 何色のものをさがしているかたずねるとき。

What (**color**) are you (**looking**)(**for**)?

(4) 緑色のものがあるかたずねるとき。

Do you (**have**) this (**in**)(**green**)?

(5) もう少し考えたいとき。

I need (**to**) (**think**) about it.

⑦ 電話でのやり取り —誘う・断る—

□私といっしょに行きませんか。 —— 行きたいのですが，できないのです。	Do you want to go with me? —— I'd like to, but I can't.

★次のようなとき，英語ではどう言いますか。英文を完成させよう。

(1) 電話に出たケンジの父に，ケンジへの取り次ぎをお願いするとき。

(**May** [**Can**])(**I**)(**speak**) to Kenji, please?

(2) 彼は留守であることを伝えるとき。

(**Sorry**),(**but**) he's (**out**)(**right**)(**now**).

(3) あとで電話をかけ直すと伝えるとき。

OK. (**I'll**)(**call**)(**back**)(**later**).

(4) パーティーを開く予定を伝え，来ることができるかたずねたいとき。

We're thinking (**of**)(**holding** [**having**]) a party.

(**Can**)(**you**)(**come**) ?

(5) また別の機会にと伝えたいとき。

Maybe some (**other**)(**time**).

⑧ 町中での手助け —申し出る—

□お手伝いが必要ですか。	Do you need some help?
□何かできることはありますか。	Is there anything I can do for you?
□どこでタクシーに乗れるか教えてくださいますか。	Could you tell me where I can get a taxi?
□切符《きっぷ》を買うのを手伝ってくださいますか。	Could you help me buy a ticket?

★次のようなとき, 英語ではどう言いますか。英文を完成させよう。

⑴ 助けを申し出るとき。

(**Can** [**May**])(**I**) help you?

⑵ 交番に連れて行くことを申し出るとき。

(**Shall**)(**I**)(**take**)(**you**) to the police box?

⑶ 荷物が多い人に傘《かさ》か何かを持ってあげることを申し出るとき。

(**Would**) you (**like**)(**me**)(**to**) carry your umbrella or something?

⑷ 「本当に助かります。」と言いたいとき。

You're (**a**)(**lifesaver**).

⑸ 助けを求められても断らなければならないとき。

(**Sorry**), I can't (**help**) you.

⑹ どこへ行きたいのか尋ねるとき。

(**Where**)(**would**) you (**like**)(**to**) go?

⑺ 急いでいて, 断らなければならないとき。

Sorry, I (**can't**) (**help**) you. I'm (**in**) a (**hurry**).